李艾伦 —— 著

真爱不累，幸福不贵

中国商业出版社

图书在版编目（CIP）数据

真爱不累，幸福不贵 / 李艾伦著. -- 北京：中国商业出版社, 2019.7
ISBN 978-7-5208-0819-4

Ⅰ. ①真… Ⅱ. ①李… Ⅲ. ①婚姻—通俗读物 Ⅳ. ①C913.13-49

中国版本图书馆 CIP 数据核字(2019)第 133910 号

责任编辑：刘万庆

中国商业出版社出版发行
010-63180647　www.c-cbook.com
(100053　北京广安门内报国寺 1 号)
新华书店经销
三河市长城印刷有限公司印刷
＊
710 毫米×1000 毫米　16 开　14 印张　180 千字
2019 年 9 月第 1 版　2019 年 9 月第 1 次印刷
定价：48.00 元

＊＊＊＊

（如有印装质量问题可更换）

前言

有人说，婚姻是爱情的乐园；也有人说，婚姻是爱情的坟墓；还有人说，婚姻是一座围城，城外的人渴望进去，而城里的人又希望出来。

特别是在这个真爱为心机所累、幸福被现实所困的社会里，婚姻与金钱总是联系在一起，有的人干脆将婚姻当成了一项赤裸裸的交易。在传统和现代的思想碰撞中，不管你是否愿意，到最后你总是被现实逼迫着走向婚姻的殿堂。

当今社会，许多人的婚姻生活并非在宽敞明亮的殿堂里，而是在狭小阴暗的铁屋内，他们感到苦恼、彷徨、无奈，有些人因此而愤怒地从婚姻中走出来。当你为人父母之后，原本向往的美满婚姻充满了许许多多不曾预想到的迷惘，于是对烦琐的生活产生了厌烦心理，而此时，你对婚姻的认识有多少呢？

事实上，婚姻一直都很神圣，只不过是你戴着有色眼镜错看了它。婚姻不是鲜花夹道的游乐园，也不是阴森逼人的坟墓，婚姻是爱情的着陆点。没有着陆点的爱情就像没有方向与目标的热气球一样，随风飘荡，充满了不安定。有了婚姻你才算是有了真正的家，不管身在何处，只要彼此深爱对方，在家里就永远会有一位深深牵挂你的忠实伴侣，不管你遭受怎样的挫折与打击，他

（她）都会为你抚平创伤，和你同甘共苦，风雨同舟。

俗话说："相爱简单，相处难。"婚姻关系是世界上最微妙的人际关系。没有血缘的两个人将要恩爱地生活一辈子，仅仅依靠爱情的维系是远远不够的，还需要智慧的经营方式。

从婚姻发展的角度来思考，一对恋人结婚之后，要一起度过的各个阶段婚姻生活，也要学会处理各个阶段的生活难题。例如，刚结婚时要完成个人角色的转变，由儿女过渡到丈夫或妻子，其间是和原生家庭的分离；养育子女阶段会较为辛苦，角色再次变更，同时还要兼顾事业以及双方的情感需要；中年之后，子女已经长大，夫妻间的生活变得更加重要，夫妻能不能好好相处，能不能维系感情，成为主要的婚姻话题。不要以为夫妇已经结婚十多年，就不会出现问题，其实，此时仍旧需要无时无刻地去照顾对方，否则中年以后也很难保证可以继续维持良好的婚姻关系，白头偕老就变得很难实现。

总而言之，婚姻从头到尾都是需要用心经营的。就如同一个人做生意，假若不用心经营就会面临企业倒闭甚至是破产。所以，确定要走进婚姻的你，重要的已经不是你的结婚对象是谁，而是怎样经营婚姻生活，因为婚姻经营的结果将直接影响着你的幸福与婚姻的成败。

本书最符合现代人爱的语言及婚恋理念，书中为夫妻双方提供了解决问题及融洽沟通的方法与技巧。

记住：真爱没那么累，幸福也没那么贵！婚姻不是爱情的坟墓，婚姻是一辈子最好的修行！生活经营好了，和谁结婚都幸福！

目录

第一辑 真爱就是这么轻松 /1

第一章 别跟爱情较劲，要和婚姻商议 /3

爱情不是婚姻的"必需品" /4
对幸福婚姻的七大忠告 /6
走出"七年之痒"的困境 /10
给婚姻"挠挠痒"——婚姻危机指导 /13
婚姻出现危机的六盏红灯 /16
幸福指导 夫妻间的22个经典定律 /18

第二章 读懂彼此，就读懂了幸福 /21

经营幸福，从读懂他的表情开始 /22
做你爱人最忠诚的倾听者 /24
寻找到你们的"共同语言" /27
培养夫妻共同的兴趣爱好 /30
80后女人必学的"驭夫术" /34
幸福指导 算算彼此的兴趣相投度 /36

第二辑 爱的发声练习 /41

第三章 甜甜蜜蜜编织幸福的柔情 /43

坐下来交换意见，沟通思想 /44
巧妙应对"爱情聋哑症" /46
制造浪漫：给幸福婚姻来点佐料 /48
做回"坏"女人：重拾恋爱的幸福 /51
男人们学着用游戏增添幸福感 /53
用情人的心态对待丈夫 /57
幸福指导 女人最爱听的十句话 /59

第四章 怎么说，怎么爱——夫妻之间的沟通术 /63

维系夫妻关系最重要的是沟通 /64
把握夫妻间沟通的最佳时机 /67
夫妻沟通的四个规则 /70
幽默对话，平添生活情趣 /72
不便说出口的话，可用身体语言表达 /74
幸福指导 肢体语言透露小秘密 /77

第五章 男人靠捧，女人靠哄——爱人之间的赞美术 /81

赞美是幸福婚姻最好的调料 /82
日常多赞美，说话有妙招 /85
好丈夫要夸：妻子怎样称赞丈夫 /88
女人需要赞美：丈夫这样赞美妻子 /92
赞美的同时要学会批评的艺术 /94
批评之前，先说点夸奖的话 /97
幸福指导 你会赞美自己的妻子吗 /98

第三辑 挽救不幸婚姻 /101

第六章 "会吵架"的婚姻更幸福 /103

幸福婚姻三阶段 /104
让吵架成为生活的小插曲 /107
夫妻吵架"七不说" /110
吵架要选对时间和地点 /114
解决夫妻矛盾的"幽默良药" /116
夫妻双方要懂得策略性的退却 /121
四大经典吵架情景再现 /123
幸福指导 四大吵架兵法让爱越系越紧 /128

第七章 幸福婚姻拒绝"家庭暴力" /131

家庭暴力是女人的噩梦 /132
家庭暴力大多由男人引发 /135
别让"家暴"扼杀了我们的婚姻 /138
如何应对丈夫的坏脾气 /140
帮助丈夫改掉生活坏习惯 /145
合理调适,远离"家暴" /149
幸福指导 化解愤怒情绪的三个策略 /151

第八章 "离婚"二字,欲说还休 /153

用心经营婚姻,慎重对待离婚 /154
注定离婚的三种婚姻 /156
离婚了,"好聚好散"很重要 /159
释放单飞的心灵——离婚后心理指导 /162
有些爱可以重来——再婚心理指导 /165
幸福指导 婚变危机测试 /166

第四辑 真爱升温，幸福永存 /171

第九章 做魅力女人——把握幸福婚姻的秘诀 /173

提升自我魅力，营造幸福婚姻 /174
好形象是吸引丈夫的有力武器 /178
永远保持女性的柔美 /181
女人自信了，幸福也便跟着来了 /183
用情调驾驭生活的脚步 /186
读书能弥补脸蛋的先天缺憾 /188
女人在男人面前如何保持永恒的吸引力 /192
幸福指导 你是个"万人迷"吗 /197

第十章 钱财无忧的"一生与一世"/201

财富规划让婚姻更稳固 /202
理好钱匣子，过好小日子 /204
节俭生财七诀窍 /206
幸福婚姻也需定期储蓄 /209
协调家庭收入的分配 /211
夫妻共同提高自己的财商 /213
幸福指导 赚大钱的智慧 /215

第一辑
真爱就是这么轻松

第一章
别跟爱情较劲,要和婚姻商议

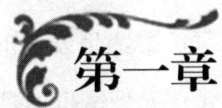

从古至今,爱情都是甜蜜的,情人之间有讲不完的情话,有忘情的拥吻,有玫瑰和巧克力;然而婚姻却是柴米油盐酱醋茶的平淡生活,还有锅碗瓢盆的交响曲。在你步入婚姻的殿堂之前,你对婚姻了解多少?你准备好了吗?

爱情不是婚姻的"必需品"

婚姻是爱情的延续,但结婚不等于拥有了爱情。婚姻不是爱情的唯一形式,而爱情也不是婚姻的唯一内容。要想获得完美幸福的婚姻,不是看你有多爱这个人,而是看你能否适应他的性格、生活习惯等。

事实上,生活中的爱情与婚姻是两码事,很多人即便很相爱也没办法好好经营一段婚姻,甚至有时婚姻与爱情是背道而驰的。把爱情当作婚姻的"必需品",这真是天大的误会。

"婚姻不是爱情的唯一形式,而爱情也不是婚姻的唯一内容。"这是著名作家王海鸰在她的著作《大校的女儿》中提到的。完美幸福的婚姻是爱情的延续,但爱情并不能决定婚姻的质量。

我们知道,漂亮的衣服对女人都有着致命的诱惑力,但是,如果不注意它的款式是否适合自己,硬要将不适合自己的衣服往身上穿,反倒会贻笑大方。选男人同样如此,最钟爱的并不是最好的,适合自己的才是最好的。这是因为爱一个人,在乎最多的是他的身体与情感,而嫁给一个人则是因为他的性格、习惯以及思想等能让他同自己过日子。

他长相帅气,个子高挑,沉默寡言,眉宇间常有些淡淡的忧郁。李霜对他一见倾心,于是在心里暗暗发誓,今生一定要嫁给这个男人。俗话说,"男追女隔座山,女追男隔层纱",李霜最终如愿以偿,和那个男人"闪婚"。李霜自以为嫁给了自己最爱的男人,往后一定会有无数的好日子等着自己,然而没过多久两人便离婚了。

聊到自己失败的婚姻,李霜忍不住感慨万千:"我们彼此的价值观与人生追求无法达成一致。他在农村出生,家庭很贫困。或许是他自己内心比较自卑,他常把赚钱与成功看作人生唯一的乐趣和目的,他对任何事都没有兴趣,不喜欢跟人交往,生活很单调,这使我无法忍受。"

事实上,李霜为了挽救这场婚姻也做了很多的努力。她很多次耐心地与丈夫进行沟通,但他却不想作出任何改变。李霜偶尔会去看一场电影,按照他们的收入来说,这点小开支实在算不上什么,但是丈夫不能忍受任何他认为不必要的花费,他感觉钱就是要存起来,钱比一切都重要。

尽管两人有不同的价值观与人生观,但李霜因为深爱着自己的丈夫,依然不辞辛劳地操持家务,但是丈夫对李霜永远只有埋怨和不满。时间一长,李霜感觉家变成一个令她痛苦的监牢,无奈之下她只好选择离婚。

我们谈到男女关系时,经常喜欢用"匹配"一词。就词性来讲,"匹配"(match)属于中性词,它没有所谓的好和坏。它指的不仅仅是外在、学历、家境上的匹配,还需要内在的品行、思想等各个方面的匹配。

在婚姻中,如果把爱情当成"必需品",感情就容易像五彩泡泡一样,在婚姻生活的平淡中悄然逝去。或许他们所能做的,就只剩下努力掌控与要求对方,以此维持婚姻关系的继续,何谈享受婚姻的幸福?

意识到爱情与婚姻的差异,正确对待情感与家庭,你不仅会拥有一个幸福的家庭,而且会寻找到属于自己的快乐与慰藉。

对幸福婚姻的七大忠告

婚姻是恋爱的成长，它比恋爱多了一份责任、一份担当，最后成就了一个家庭。那么怎样维持一个家庭的和谐呢？下面几点是对婚姻的忠告：

忠告1：夫妻要相互尊重

每个人的生理情况、知识水平和认识能力不同，对事物的认识和好恶也不同，表现在夫妻双方兴趣上具有不同的个性特征。例如，有的丈夫喜欢听京剧，妻子喜欢听越剧；有的妻子酷爱购物，丈夫却迷恋音乐；有的丈夫爱看文学小说，妻子却热衷于电影……对于这些不同的兴趣爱好，不可一味地指责抱怨，也不可把自己的好恶强加给对方，更不可要求对方改变自己的兴趣，而应当相互尊重。

忠告2：婚姻需要包容

爱到一定程度，我们才会选择婚姻，选择了婚姻，我们就要接纳对方，接纳对方的优点，更要接纳对方的缺点。总之，就是一句话：婚姻需要包容。

在我们的周围，有打打闹闹的夫妻，有闹死闹活要离婚的夫妻，有吵架时动真家伙的夫妻，有把对方打破了相的夫妻。电视连续剧《妻子》里有一句话说："家不是讲理的地方。"是啊，在家我们讲什么理？有什么理可讲？家是靠爱支撑的，没有了爱，家便不成家。家是靠彼此容忍，彼此宽容的；不是事事都要斤斤计较,而是要大度;不需要非得争辩出谁是谁非,而需要用忍来调和矛盾。

忍中具有道德、智慧,忍中具有真善美。生活中离不开忍,就像富兰克林说的:"结婚以前睁大你的双眼,结婚以后闭上你的一只眼睛。"

埋怨只能让彼此疏远,让爱情更早地被葬送。争吵的危险倾向是算旧账、翻老底,争吵的最好结局是达成新的谅解。宽容才能让彼此互相交流、融洽,宽容才能让感情维系长久。但宽容也是有原则的,并不是一味地忍让,而是不要斤斤计较,不要付出就索取回报;要常常换位思考一下,不要把自己的想法强加于人,要给予对方解释的机会。

有的时候我们要学会变通,对方一不小心撒了谎,就算你洞悉一切,也大可不必刻意去揭穿他,更不用和他拼命,你仍然可以傻傻地笑着说,我只是担心你。潜台词就是我知道,但我不打算计较。特别是有第三方在场的时候,你给他留足了面子,他一定会心存感激,感激你的包容和护佑,会把你当成同盟,当成分享秘密的对象,这种唾手可得的机会我们可不要将它错过。白头偕老不是一句空泛的誓言,而是要融入我们每一天生活细节里的行动。白头偕老不仅仅需要爱情的支撑,更需要彼此的宽容和礼让,而这份宽容正体现在日常生活中。

婚姻生活里除了两个人要有包容心外,也要有足够的耐心。要正确看待婚姻问题,过多地计较会无事生非、把小事扩大。

忠告3:做不到爱屋及乌,也要以礼相待

想要维持好一段婚姻,就要爱屋及乌,善待对方的亲人。但不可否认会有这种情况出现:即使你感觉自己付出了全部心血与努力,但总是无法被他(她)的亲人所认可和接受。这时候,千万不要灰心丧气或者干脆放弃,甚至和他（她）的家人对着干，这些都只能使你的婚姻状况越来越糟，伤害的是你和丈夫（妻子）之间的感情，而对解决问题却毫无益处。

既然婚姻是两个人的，那就需要双方共同去努力。

首先，要对即将到来或者正在进行的婚姻，有一个能够应对矛盾的心理准备。在结婚之前，两个人就应该对双方家庭有基本的了解，在充分了解之后再作出自己是否接受这段婚姻的决定。如果你接受了，以后就不要一味地抱怨，而要为自己的选择负责。其次，千万不要把对方父母的财产理所当然地视为己有，而做出很多不恰当的行为。很多父母在孩子婚后仍然在经济和生活上给孩子支持和援助，那是他们的舐犊情深而非天经地义，做晚辈的应对此表示感激。很多人会陷入一个误区：期望值过高。大部分人在结婚时会想：我要把他（她）的父母当成自己的父母；而双方的父母通常也会这样想：把他（她）当作自己的儿子或女儿吧。怀着这样美好的愿望，但最后的结果为什么常常事与愿违呢？每个人都觉得自己受了委屈，自己付出了热心却受到了冷遇。其实，原本互不相干的人想一下子变成亲人那是不可能的，双方的生活习惯、经历、思考问题的方式、语言习惯等都极为不同。而且，当你将对方的父母当作自己的父母一样看待时，你也就希望他们对你也如自己的父母对你一样，但事实上，对方只要待你稍有不周你就会心理失衡。所以，期望值过高反而会伤到自己，即使不能做到爱屋及乌，大家能以礼相待、互相尊重和体谅就已经足够了。

忠告4：坦诚相待是夫妻相爱的前提

坦诚相待是一种生活态度，是一种高尚品格。在现实生活中，夫妻双方如能坚持这样一种态度，对另一半给予尊重、理解和包容，并在坦诚相待的过程中采取和平的沟通方法，而不是用直白的或是责怪的沟通方式，这样才能使夫妻关系更加和谐与稳定。

坦诚是人际关系中最具魅力和吸引力的品格之一，它能赢得对方的尊重与信任，是利人利己的举措，是赢得人际关系的关键，是人生走向成功的保障。夫妻在婚姻关系中更应该以诚相待，这也是赢得爱人的信任与尊重、把婚姻关系推向和谐美满的关键之一。

忠告5：学会开放的心态

对新的观念、新的经历、新的社会关系宽容些，这是你们在生活中寻求欢乐、获得成长、拓展交际面的机会。你们在一起学得越多，你们就会越快乐。

忠告6：保持健康的生活方式

良好的饮食习惯能够促成良好的心态，这有助于形成更加健康的生活规律。多吃水果、蔬菜、谷物，吃高维生素、低脂肪、低热量的食品；多喝水，多休息，要让你的食物保持新鲜、要达到营养均衡。

忠告7：常说"我爱你"

不要吝啬说"我爱你"，每天说一声"我爱你"，甚至更多些，都有助于增进夫妻的相互认同感。

走出"七年之痒"的困境

"七年之痒"一直是个热门话题，也是婚姻生活中一个无法回避的话题，不论是玛丽莲·梦露演绎的《七年之痒》，还是刘青云、刘嘉玲联袂出演的香港浪漫都市爱情影片《七年之痒》，都描述了已婚男女的情感困惑。

最近正被感情困惑的阿霞对好朋友兼大学同学缓缓说："我发现现在我和丈夫已经无话可说了，两个人在一起可以一天不说一句话，他对我的一切都不再关心了，我们结婚正好七年，难道这就是人们所说的'七年之痒'吗？这样下去，以后可怎么办呀！"

缓缓却笑着说："别太担心，我都结婚十年了，这个'七年之痒'也经历过，其实并没想象中那么严重，互相理解一下对方，想开了就过去了。婚姻就是这样现实，永远不会像谈恋爱那么浪漫。"

缓缓是大学同学中出了名的贤惠太太，结婚十年了，与丈夫的感情依然很好，当他们每天晚饭过后手牵着手在小区里散步时，真是羡煞旁人。

缓缓跟丈夫相识于大三的一个夏日黄昏，此后便一直携手至今。说起"七年之痒"，缓缓说，在十年的婚姻生活中，她也曾迷茫过。当学生时代的风花雪月变成了婚后的柴米油盐，原来的激情渐渐退却，相爱已变成了一种习惯，自己也曾为此有些失落。

后来两人性格的差异渐渐显露出来，毕业于中文系的缓缓生性浪漫，喜欢唐诗宋词等古典文学，闲来无事也喜欢写点文章，但学理科的丈夫平时却最不喜欢文学，在家没事就喜欢上网，或是打开电视收看财经节目，为此她曾心里很迷茫。缓缓喜欢旅游，可每次她一提出门旅游的建议，丈夫总说旅游景点乱哄哄的都是人，没什么好看的。

那段时间，丈夫经常很晚才回家，说是公司加班。但缓缓却无意中从丈夫的朋友处得知他是在朋友家打牌，当时她很生气又有些失望，甚至想跟丈夫大吵一架。但冷静下来后，她决定坐下来与丈夫好好地谈谈。

那天晚上，缓缓独坐在客厅里等丈夫，开始犯困时，她决定熬些粥来提神。打开冰箱却只剩一副鸭架子，原是朋友从北京出差回来后送她的烤鸭，鸭肉已吃完，只剩一副鸭架，上面还残存着一些肉，吃起来没什么味道，扔了却又可惜。

缓缓把鸭架剁好煮成了粥，丈夫回到家时，粥也煮好了。她察觉到丈夫眼中的愧疚，却佯装不知，只是盛了粥端到他面前。此后，丈夫再没出去打牌。

缓缓说："从这以后，我也没再去想爱情变成鸡肋的问题。熬那锅鸭架粥时我就已经彻底明白了，每段爱情，在时间的冲刷之下都会由激情洋溢的'爱情麻辣烫'，渐渐变成'食之无味，弃之可惜'的鸭架，是取是舍因人而异。但花时间和心思熬的那碗喷香营养的鸭架粥，却可以滋养细水长流的婚姻。"

因此，我们要用自己的智慧去摆脱"七年之痒"的困境，将婚姻进行到底。

1. 婚前预防

根据相关权威部门统计，在出现裂痕的婚姻中，当初草率结合的占的比例相当大。因此，我们在恋爱时应该保持比较清醒的头脑，用理性的眼光对待未来的婚姻生活。

如若可能的话多参考周围朋友的意见，假若能够得到婚姻专家的指导则更能使婚姻增加理性的成分。

2. 为自己的潜意识注入奉献理念

千万不要过分挑剔，更不要寄希望于重新塑造对方，而应遇到问题时常常自问：我能够给对方带来什么——无忧的物质生活？充实的精神食粮？细心的照顾？幸福感？日常生活中要发自内心地为对方做些什么，哪怕是很小的事情，一个拥抱、一个笑容、一个亲吻，都能让他们体会到彼此的温情。

3. 留下空间

许多婚姻在束缚和反束缚中走向毁灭，于是相当一部分人提出要留有自己的空间。无论女人还是男人，我们都应该给自己留有空间，在婚外拥有正常的朋友圈子，不要把婚姻当作自己唯一的精神寄托。在人际交往中还要不断增长自己的人生智慧，不断进行自我调整，追求长久的婚姻。

4. 调整期待

过高的期待会与现实形成反差，造成双方的压力。或许对方不是你结识的异性中最好的、最优秀的，但可能是最适合你的，这就足够了。

总之，婚姻发"痒"并不可怕，喜新厌旧也是人之常情。就像阅读一本好书，读第一遍时的激动、新鲜和悬念在以后反复阅读时都会淡化，聪明的你要不断往其中注入新的内容，添加新的活力，使之常读常新。

给婚姻"挠挠痒"——婚姻危机指导

随着爱情渐渐变淡、家庭琐事的烦扰、彼此新鲜感和包容度的降低,夫妻双方容易相互厌倦,就可能将目光移向其他地方,这样就导致了婚姻危机的出现。

我们知道婚姻有"七年之痒",也许现在出现危机的时间更短,甚至是三年。当现实中婚姻受到这样或那样的冲击的时候,当双方的关系变得磕磕碰碰的时候,也许首先想到的解决办法便是离婚,但是离婚又绝非我们想象中的那么简单,而且离婚也不能真正解决问题,只会让双方都受到伤害。

尽管赵女士已经40岁了,但爱美之心仍在,即使她不出门也要化个淡妆。当老板的丈夫好像被她俘获了,结婚这么多年几乎没有什么绯闻。其实,赵女士也遇到过婚姻危机。

结婚前,赵女士也有自己的工作,结婚后很快有了孩子。丈夫是个小老板,工作忙,并且家里不缺她挣的那点钱,于是赵女士便辞去了工作,专心相夫教子。几年间,赵女士只想着照顾好丈夫、孩子,完全忽略了自己的形象。后来,她发觉丈夫似乎变了,有时深夜回来,身上还带着女人的香水味。赵女士很清楚这意味着什么,但她很冷静。

有几次，她悄悄跟踪丈夫，看他到底跟什么样的女人在一起，每次看到的都是那个打扮时尚、年轻漂亮的女孩子。当她回到家，站在镜子前时，一眼就看出了自己与人家的差距。从那天起，她开始到健身房塑造身材、到美容院学习美容技术、跟着名厨学烹饪。

慢慢地，她变得越来越年轻，丈夫也不由得多看她两眼；她做的菜也越来越可口，丈夫回家吃饭的次数越来越多，他们的关系也越来越好。即使如此，赵女士也没有松懈。

在充满形形色色诱惑的社会中，很多夫妻都经历过婚姻危机，婚姻危机给当事人心理上带来的伤害往往是非常大的。造成婚姻危机的原因有多种，如生活习惯问题、沟通问题、经济问题、性生活问题、子女问题、忠贞问题等，其中尤以搞婚外情、"第三者"插足对婚姻的破坏最大。

从心理学角度看，婚姻产生危机是有原因的：

首先，婚姻关系在经历了甜蜜的温存期后，逐步进入情感生活的调整期，随着一系列的心理变化和感情摩擦，生活逐步进入程序化，使人觉得单调、乏味，这是夫妻感情发生危机的信号。

其次，在有了孩子后，妻子一般都把精力放在了照顾孩子上，忽视了丈夫的需要和感受。而男性并没有因为孩子的降生而减少对妻子的要求和期望，他们面对被忽视、缺乏关心和爱的家庭生活，容易产生不满和愤怒情绪。由于双方的感受不相协调，也容易出现婚姻危机。

夫妻关系不和谐，不是因为双方某些个性上的差异，而是缺乏增进感情、处理分歧的方法。那些婚姻和谐的家庭，无一不是夫妻精心培育感情的结果，如上班前的一个吻，下班回来的一杯水，都会使家庭充满温馨。

夫妻就像围棋里的黑白棋子、太极图里的黑白两极，既自成体系又相互渗透。夫妻相处的过程就是不断平衡、彼此融合、相互接纳的过程。生活中的磕磕碰碰在所难免，关键是面对矛盾是否有适当的方式来化解。

第一辑 真爱就是这么轻松

婚姻出现危机的六盏红灯

很多男女以为领了结婚证,就进了"白头偕老"的婚姻保险箱。当有了孩子以后,更认为得到了婚姻的双保险,有一种盲目的安全感。于是就随着性子,想干什么就干什么,全然不顾对方的需要和愿望。久而久之,夫妻的关系逐渐由沉默、不满,到埋怨、争吵、反抗、离家出走,甚至法庭相见,最后造成婚姻的悲剧。有的夫妻考虑到子女,考虑到社会舆论,或者考虑到双方家庭承受力,虽然没走到分居或离婚这一步,但夫妻间冷若冰霜,成为一个凑合式的家庭。

哈佛大学婚姻家庭中心主任赫华德·马克曼博士说:"夫妻双方如果能早早了解到婚姻危机的若干初兆,便可以帮助夫妻在彼此仍深爱对方、理智高于怨怒时,及时挽回,加以调整。"

玛丽的丈夫在事业上很顺利,不久就升了职,而三个月后她自己也当上了公司主管。为此,两人都有一种"时不我待"的紧迫感,整个生活重心都开始向各自的工作转移,经常是一整天都不通一次电话,日子久了也觉得这是稀松平常的事。

一天,玛丽的闺中密友来找她哭诉:当初自己东筹西借,好不容易和男朋友一起开了一家公司，这几年下来赚了不少钱，还掉借款还剩余很多。日子刚刚开始有点好转，没想到男朋友居然卷款而逃，后来经多方查证得知那个男人另交了女朋友，拿了那些钱出国去了……听了闺中密友的可怕经历，玛丽有点被吓到。

这天，丈夫回来得很晚，玛丽没有睡，一直坐在沙发上等他。这时候，她突然发现，拥有这个丈夫、这个美好的家庭，是多么幸福的一件事。玛丽看到了夫妻俩这些日子生活中的变化，开始慢慢改变自己的工作态度，将更多的时间用来与丈夫沟通、陪伴，用心经营这段婚姻。

"冰冻三尺，非一日之寒"，其实，夫妻之间的爱情逐渐消减，是有一定迹象可循的。婚姻专家指出，夫妻间有六个看似微不足道的现象，却是婚姻危机的六盏红灯，如果双方不加理会，将来很可能导致婚姻出现大问题。

1. 事情不分轻重

婚姻中的男女不妨静下心来想一想，你是否常将其他的事摆在夫妻间的共同事情之前？如果忽略了夫妻间的共同事情的优先地位，夫妻间的感情肯定会受到伤害；逐渐减少热情的举动，对伴侣的感情流露予以抗拒，一副冷若冰霜、心如铁石的样子；对性生活的兴趣逐渐降低，用种种借口回避和对方亲热；对亲密的动作，则以"例行公事"的态度处之。

2. 相处中的变化

夫妻相处是不是找不到片刻独立的时候？两人结婚后属于自己私人的时间一定会相对减少，这是正常的，问题就在于个人空间缩小的范围幅度是否太大。有时候一方甚至有意自我孤立，减少双方共同参与的活动，把对方孤立在自己的活动圈子之外，并且减少和伴侣相处的时间。比如，延长工作时间，故

意在工作后在外活动等。

3. 失去共同乐趣

日子久了，慢慢觉得夫妻之间已经没有共同乐趣了。生活中激烈的争吵及暴戾的举动频繁出现，即使在公众场合亦会毫不避讳地与伴侣争吵，而且争吵越来越激烈。

4. 彼此猜测对方的心意

你是否认为自己一定知道对方的心意而懒得问一声？研究人员发现，即使你的猜测都对，这种习惯也不可取，因为这很容易造成彼此间缺乏沟通。

5. 遇到问题争执不下

如果你们在一些基本问题上，如何时买房子、何时生小孩等，不能得到使双方满意的结论，就应该警惕了。千万别变得烦躁易怒，为这些事情挑剔责难对方。

6. 厌烦对方，不予回应

你是否感觉到对方已经不在意你在说些什么，或是你自己已经对对方说的话充耳不闻，有时甚至对伴侣的言谈感到不耐烦、失去兴趣，故意做出与对方愿望相违的举动？

婚姻专家指出，夫妻间偶尔出现以上这些情况是常有的事，不值得大惊小怪。但是如果成为一种"惯例"，表明感情破裂的警钟已经敲响，这时候应该及早正视，寻找原因，弥合裂缝，不要使其发展到不可收拾的地步。

幸福指导　夫妻间的 22 个经典定律

我们身边有很多夫妻，看得多了，就能从中总结出一些定律来。以下定律未必条条都有理，但大都比较准确。

真爱不累，幸福不贵

炒菜定律：经常炒菜的肯定是妻子，可炒菜好吃的可能是丈夫。

忠诚定律：妻子越是爱丈夫，丈夫对妻子越是忠诚；丈夫越是爱妻子，妻子越是对丈夫不忠诚。

买菜定律：一到菜市场就不知买什么菜的多是妻子，一到菜市场见啥菜买啥菜的多是丈夫。

成熟定律：越是被妻子深爱着的丈夫越是成熟，越是被丈夫娇宠着的妻子就越是不成熟。

花钱定律：妻子把钱花在打扮（美容、穿戴）上，丈夫把钱花在过瘾（烟、酒、牌）上。

说话定律：夫妻之间谁说的话越多，谁的话就越没分量。

抱怨定律：经常抱怨的总是妻子，经常被抱怨的总是丈夫。

伤害定律：夫妻之间，一方对另一方付出得越多，分手时受到的伤害越大。

干活定律：在丈夫的眼里，家里总是没有什么活；在妻子的眼里，家里总是有干不完的活。

着装定律：男人只有合身的服装而缺少流行的服装；女人只有流行的服装而缺少合身的服装。

讥笑定律：在懂得爱情的夫妻那里，相互间的讥笑会演化成一种幽默；在不懂得爱情的夫妻那里，相互间的讥笑会演化成一场战争。

出门定律：最着急出门的是妻子，最后一个出门的也是妻子。

做事定律：做事见好就收的总是丈夫，做事想好上加好的总是妻子。

危机定律：当家庭经济出现危机之时，丈夫的想法总是希望妻子能帮自己一把，而妻子的想法是能否换一个丈夫。

洗碗定律：妻子洗碗易净，丈夫洗碗易碎。

平等定律：夫妻双方都认为自己是一家之主，可重大的事情一个人说了又不算。

回家定律：妻子一出门就想回家，丈夫一出门就不爱回家；妻子一旦不愿回家，丈夫就得匆匆回家；丈夫一旦不愿回家，妻子迟早也得离家。

脾气定律：夫妻之间，挣钱多少决定脾气大小，不挣钱的人没脾气。

劝说定律：夫妻之间一旦发生矛盾，出面劝说的人越多，矛盾越是不容易解决。

唠嗑定律：越唠越有精神的多是妻子，越唠话越少的多是丈夫。

吵架定律：夫妻之间越是毫无原因的吵架越是吵得凶。

距离定律：有时候夫妻之间的地理距离越远，情感距离越近。

第二章
读懂彼此,就读懂了幸福

在生活中,甜蜜的恋情或美满的婚姻可遇也可求,重要的是读懂对方,只有读懂了对方,才能包容对方,也只有能包容,才能拥有和谐的气氛与幸福的感觉,才能共同享受生活的快乐。

经营幸福，从读懂他的表情开始

现代婚姻研究的一项新内容就是从夫妻表情来观察婚姻关系的好坏。而且，不仅仅是用眼睛观察，还使用特别制作的精密仪器来监测面部表情。研究的目的主要是帮助夫妻通过调控表情来改善婚姻。

"言为心声"，讲话本身是向人传递思想感情的，神态、表情都至关重要，要让对方感觉到语言与表情的一致。因此，在说话的时候，要注意自己的神态自然大方，态度诚恳亲切，表情开朗愉快，体现出诚挚专一的态度。说话时还要注意音量、语调是否适中，措辞是否贴切，态度是否客观。

1. 眼睛

从眼睛可以读出一个人的脾气秉性、精神状态以及心理状态，如诚实、朴实、聪明、憨厚、机智、纯真和豁达等。当对方认真和你进行交流时，他的目光一定时刻注视着你的眼睛。假若交谈当中你用诚恳的语气和对方沟通，效果一定不错。一旦对方表现出疲倦的样子，两眼不住地望着其他东西，此时就说明对方已经无意再听你说下去，你最好掌握时机，在最适当的时候完成交流。

2. 眉毛

每当我们的心情改变，眉毛的形状也会跟着改变，这是一个重要的信号。

当对方赞同你的观点时，常会表现出舒展双眉、额部肌肉上提的表情。眉毛先扬起，停留片刻后再降下，其所表示的感情是悲伤的，不是快乐的。若对方一直皱着眉头、凝视着某一个东西听你谈话，那你最好简语作结，以免对方越来越不耐烦。

3. 鼻子

鼻子的表情动作比较少，不过含义也比较明确。厌恶时人们习惯耸起鼻子，轻蔑时会嗤之以鼻，愤怒时鼻孔会不自觉地张大，心情紧张时鼻腔收缩、屏息敛气……如果对方在谈话的过程中不断用鼻子吹气，表示对方遭遇到了困难或不顺，希望能够得到你的帮助。

4. 嘴

嘴部的表情主要体现在口形变化上。说话时，经常"清嗓门"，且声音变调，表示对方此时过分忧郁；对方一边说话，一边用手掩嘴，表示不愿被你看破心意。其他表现还有伤心叹气时嘴角容易伴随鼻子吹气而下撇，欢快时嘴角会提升，委屈时通常噘起嘴巴，惊讶时会有张口结舌的动作，忍耐痛苦或思考问题时常紧咬下唇或紧闭嘴唇，龇牙咧嘴则是残暴者发怒的凶相。

婚姻专家认为，每个人都有情绪不好的时候，但这并不能作为以消极的表情面对爱人的理由。不管是什么原因引起的情绪不好，面对爱人的时候，都要用充满爱的表情。因为你是在请爱人陪你悲伤、陪你痛苦，是在请他（她）给你分析问题，请他帮你出主意，所以一定要体谅、关心对方的感受。一般地说，愤怒、哀伤、不屑、尖酸、刻薄的表情对婚姻是极具杀伤力的。要保持婚姻中爱的鲜活度，必须严防这些"表情杀手"。

做你爱人最忠诚的倾听者

丈夫能否满足妻子的感情需要，最首要的一条就是愿不愿意听妻子唠叨。已婚妇女大多有爱唠叨的毛病，一个善于进行情感沟通的丈夫不应该对妻子的唠叨置之不理。因为对妻子来说，重要的不是说什么，而是说不说，说话本身就能够使她们感到满足。你能耐心倾听对方的讲话，便等于告诉对方"你是一个值得我倾听你讲话的人"。这样，在无形中就能提高对方的自尊心，加深彼此的感情。

但是，每当夫妻之间发生争执的时候，他们就只剩下嘴巴而没有耳朵。夫妻在现实生活中，常常会坚持己见，要求对方改变，因意见不同而热吵冷战，这些小问题是现实婚姻乐章的伴奏曲。小两口较激烈的沟通场面，通常称作吵架。两个性格、思想、背景、专业等都不相同的人，要一辈子在一起是件相当不容易的事，需要极多的爱心、信心与耐心。

有人说一个美满的婚姻好像一条永远在修的双行道，夫妻都不吵架并不表示他们关系好，反而有可能是他们在沟通上只是单行道。但是，在吵架这种"激烈的沟通"中，一定要避开这三个误区：一是利用充满恶意的言语来伤害对方；二是强迫对方接受自己的想法；三是总沉湎于过去或现在的错误里。警惕这三项误区，避免出现"恶意沟通"。

一位丈夫在10分钟内已经第三次声称自己不舒服了,他的妻子赶紧来到他的身旁,关心地问:"宝贝儿,怎么了?"

"我感冒了。"丈夫抬起头,有气无力地说。

"那我拿些阿司匹林给你吧。"妻子说。

"你这么细心地照顾我,使我感到很欣慰。"丈夫说着,又呻吟道,"我是怎么感冒的呢?"

过了一会儿,丈夫又发布最新消息:"我的感冒正在加重。"为了证明,他又打了几个喷嚏。

妻子赶紧拿来手纸、被子、枕头,还为他端了一杯热茶。

"我非常感谢你,亲爱的",丈夫说,"你知道,我感冒了。"

第二天,丈夫又报告:"我的肚子疼。"

妻子知道,丈夫经常说他有病。在前年的夏天,丈夫割完草后,紧张地对妻子说:"我的手总是不停地抖。"

妻子问他:"你割草前抖不抖?"

丈夫摇摇头。

"那你难道就不能肯定是因为割草机振动而引起的吗?"

"我想也许是的。"丈夫红着脸有些失望地说。

丈夫这样谎称自己有病,只是想引起妻子的注意,想要她听自己说话。要实现夫妻间心平气和、有效的沟通,就一定要注意倾听。倾听对方的心声,是夫妻沟通中极为重要的组成部分。没有专心倾听对方说话,是导致婚姻陷入困境的一个重要原因。夫妻间经常这样抱怨:"他从来不听我说话。"或是:"她不了解我心里的感受。"

问题婚姻中的一个迹象就是没有专心倾听伴侣说话，而健康婚姻的特征就是专心倾听对方说话。当别人对你说："请接着说。"就是真的在专心听我们说话，我们会觉得自己被看重、被了解、被接纳。积极地倾听可以改善夫妻关系。

专心倾听有以下几个特征：

全神贯注：伴侣跟我们说话时，我们不是想着下面自己要说些什么，就是把注意力放在别的事上，如准备晚餐或是看电视。

不批评：未经对方请求所给予的建议都有可能被视为批评。

不打断：不要打断对方说话，终究会轮到你发言的时候。嘴巴闭上时，话语听得最明白。

用感情聆听，而不要论断：伴侣所说的话只不过是很单纯地说出心中的感受，这些感受对你来说都是很宝贵的信息。不要说：你不能这么想！相反地，要问他：这是不是你的真实感受？我说得对吗？

寻找到你们的"共同语言"

夫妻之间的兴趣爱好趋于一致,就能拥有更多的共同语言,从而在心理上做到协调和相通。要想让夫妻感情更加融洽,婚姻生活更加和谐,你一定要主动了解或培养你和伴侣之间共同的兴趣爱好。

结婚以后,你是不是经常感到孤独、失落?

这主要表现在你的兴趣爱好在一定意义上受到限制。比如,婚前你性格开朗,爱好广泛,每逢节假日就要骑单车郊游等;可是你的他(她)却是个性格内向的人,喜欢下棋、读报等,对郊游之事一点也不感兴趣,两个人渐渐相对无言。

兴趣爱好看似不起眼,却在夫妻的精神生活中扮演着非常重要的角色,决定着被生活磨砺的两颗心是生发出浓浓的情意还是产生深深的裂痕,是日益靠近还是渐行渐远。

著名主持人黄健翔在网上首次披露自己离婚内幕时说,妻子不看大片、不听音乐、不喜欢足球。有些东西不喜欢也就罢了,可这三样东西对于他来说却是等同于生命的东西,妻子和自己的兴趣不一致让他感到两人生活在一起没有共同语言,了无生趣,所以就离了。

诚然,人与人之间的兴趣一定要同频才能和谐,夫妻之间更是如此。兴趣相投的夫妻无疑是幸运的，因为他们除了是夫妻之外，还是志同道合、有共同语言的知己朋友，为彼此提供了更多相互沟通、情感交流的机会和空间。在所有成功的婚姻生活中，善于适应和分享对方的兴趣爱好，是夫妻和睦、婚姻幸福的重要因素之一。

现在，让我们来看一个生活中真实的例子吧！

亚瑟·摩雷和他的妻子凯瑟琳是一对非常有名的夫妇，结婚28年来他们一直在一起从事舞蹈培训工作，他们很可能是学校有史以来教会学生跳舞最多的老师，而且他们的夫妻感情非常好，令人艳羡。

有人问凯瑟琳："像你们这样天天在一起工作生活，按理说应该很容易陷入单调重复的生活方式，但是在众人眼里你们很恩爱，尤其是你的丈夫很疼爱你，请问你们是如何做到的？难吗？"

"一点也不难！"凯瑟琳回答，"很简单，因为我们都喜欢舞蹈。每次他一研究出新的舞蹈动作就会兴奋地和我分享，我非常能够体会他的感受，也总是能帮助他将舞蹈动作更完美一点。我们还经常在一起讨论学生们的学习情况，制定新的学习课程，有这么多的事情要做怎么会觉得无聊乏味呢？"

因此，要想让夫妻感情更加融洽，婚姻生活更加和谐，你一定要主动了解或培养你们夫妻之间共同的兴趣爱好，寻找到你们的共同语言，然后再互通心曲。为了提高效率，你不妨先对自己提几个问题。

除了和自己谈必要的家庭琐事，对方还主动提及哪些事情？

对方和自己就哪些问题的交谈比较愉快，二人对哪些事情表现出了共同的兴趣？

对方爱读哪类型的书，爱看什么电视节目？自己做的什么事情让对方看不惯，对方干涉得最多？

弄清了这些问题，你再仔细想一想，就能大致了解了对方的兴趣爱好，也可以知道你们双方完全不同的兴趣所在。

不过，由于我们每一个人的生活环境、文化修养都是不尽相同的，我们的性格、爱好也不同，因此对于你和爱人之间的不同兴趣点，你可以不必太在意，也没有必要强迫自己或对方作出改变。

事实上，只要你能在彼此平等的基础上尊重、适应对方的兴趣爱好，相互学习，培养双方共同的一些兴趣爱好，长此以往，你们夫妻之间的兴趣爱好很可能趋于一致，进而达到心理上的协调和相通。

培养夫妻共同的兴趣爱好

真爱不累，幸福不贵

著名社会科学家米特针对近500对幸福夫妻调查研究，最后得出结论：共享每一件东西，包括信仰，可以使人与人之间的关系更加密切。适应与分享爱人的嗜好和偏好，这是获得美满幸福婚姻的重要因素。

要想经营好婚姻关系，需要夫妻共同成长，因此这就需要两个人必须要有一个或几个共同爱好。在共同爱好中，夫妻双方彼此欣赏与鼓励，这样才能保证婚姻的幸福长久。

王晶和孙浩是经人介绍认识的，婚后他们发现彼此并没有什么共同爱好。王晶喜欢安静，喜欢看书、看电影、听音乐；而孙浩却生性好动，喜欢打篮球、骑车、徒步旅行、爬山、野游等。

提起运动，王晶唯一的喜好大概就是游泳了，可孙浩偏偏是个"旱鸭子"。婚姻生活中，两个人没有共同的兴趣一直困扰着王晶，在家里，她除了和孙浩谈谈单位和家里的事情之外，几乎就没有其他话可说了。

王晶明白，婚姻是需要双方共同经营的，而她感觉自己和孙浩之间缺少的是伴侣间应有的语言和心灵的交流，于是她决心改变这种状况。

孙浩的主要兴趣是打篮球，很喜欢看NBA，并且知道每支球队的队名及球员的名字。于是，王晶开始培养自己对篮球的兴趣。在王晶彻底弄明白篮球这项运动后，她居然真的对篮球产生了非常大的兴趣。

在之后的一段时间里，王晶跟孙浩一同观看NBA的每场比赛。现在，每当孙浩观看比赛时，王晶再也不会一个人无所事事地坐在一边了。她对球员的表现有了自己的评价，也能够跟孙浩一起为了一个精彩的扣篮而兴奋得手舞足蹈。

渐渐地，王晶发现，其实，人不会天生反感一个事物，不感兴趣只是因为无知、对其没有足够的了解。当你逐渐开始了解这个事物之后，就会发现它的无穷魅力。王晶因为爱孙浩而爱上了篮球，孙浩因为王晶爱篮球而更爱王晶。因为培养了对篮球的兴趣，慢慢地，王晶找到了其他可以与丈夫分享的兴趣。

共同的兴趣，并不能够强求。一个人的兴趣、爱好是由其先天心性和后天家庭环境、受教育程度等诸多因素决定的。所以，不可以把自己的兴趣、爱好强加到对方身上。但是爱好也是能够慢慢培养的，只要在尊重彼此的基础上，尽自己的努力去适应对方的兴趣爱好，长此以往，夫妻之间的兴趣爱好就能够趋于平衡，从而达到心理上的协调与相通。

妻子们往往认为，男女双方都有着各自的事业，为什么非得强迫自己去适应对方的一些嗜好呢？而这个借口正是夫妻关系淡漠的"罪魁祸首"。男人感觉不到妻子的温柔和甜蜜，会产生孤独感，甚至远离这个各自为政的家。

那么，怎样才能避免造成这种无法相互沟通的局面呢？那就是培育共同的兴趣，这是维系婚姻不可或缺的一环。

培养共同的兴趣爱好应注意以下几点：

1. 彼此兴趣互相渗透

要想赢得主动权，你要采取主动的方式，有意识地将自己的兴趣渗透给对方，使爱人也逐渐对你的兴趣爱好产生兴趣。

2. 尊重对方的爱好

如果彼此的兴趣爱好不一样，要想办法解决，而不能将之作为感情不和的借口。两人不妨协商互相尊重对方的爱好，不能讨厌甚至埋怨对方正当的兴趣，不能让对方因为你的干涉而失去他做自己喜欢的事情的权力，并且找到能够满足各自兴趣爱好的办法。

像很多家庭主妇一样，王萍的爱好除了看电视就是逛街，而她丈夫刘君是一个科技达人，对各种高科技产品情有独钟，经常去参观科技博物馆。每逢周末，王萍想让刘君陪自己逛街，刘君一提起逛街就发怵；而刘君想带王萍一起去博物馆，王萍像要受刑似的一百个不愿意。为此，两个人没少吵嘴。

这天，两个人又争执起来了。王萍想要逛街，刘君则偏要去博物馆，两个人吵得面红耳赤。最后，王萍气得回到卧室关上了房门，刘君则干脆在客厅睡了一宿。为了这点小事弄得这么不愉快，王萍越想越不值，怎么办呢？

经过再一次的协商，两人决定互相尊重对方的爱好，并制订了新的行动方案。王萍去逛自己爱的百货商场，刘君则去参观科技博物馆，然后约好在哪里碰头吃饭。刘君不认为王萍没有品位，王萍也不认为丈夫自私不照顾自己。于是，双方都满足了自己的喜好，又享受到周末同行的乐趣。

3. 偶尔附和爱人的兴趣

值得一提的是，尊重、学习、附和对方的兴趣爱好一定要注意遵守道德和法律。

　　总之，共同的兴趣爱好是一种默契的语言，可以将夫妻两人拴紧，让两人惺惺相惜。当你和爱人兴趣爱好不同时，不要为此焦虑，在顺其自然的同时，努力适应并学习对方的兴趣爱好，这才是可取之道。虽然需要你花一点时间和精力，但为了一生的幸福，做一点努力又有什么关系呢？

80后女人必学的"驭夫术"

婚恋专家木禾说过：80后群体中有许许多多的人喜欢以自我为中心，社会责任感与家庭责任感淡薄，缺乏忍让性以及宽容度，这致使他们的婚姻稳定性下降。这就要求80后女人们要在平时的生活中掌握一些"驭夫术"，管好自己的丈夫。

1. 用你的深情打动对方

（小提示：此术只适用于对家庭尚有责任心、对妻子尚有感情的丈夫。）

有一位女士对于怎样和丈夫相处自有一番经验。那时结婚不久，丈夫迷上了麻将，每天下班后一玩就玩到深夜。她又气愤又委屈，但委屈归委屈，她只字不提丈夫晚归的事。此后几天，她每天晚上都做好丈夫最喜欢吃的饭菜等他回来，不等丈夫吃完，她又将热热的洗脸水端过来，搞得丈夫好像是凯旋的将军一样。如此几天，他下班按时回家，她则故作随意地问："这几天单位不加班了？"他心照不宣地说："一想到你情深意切坐在桌边等我的身影，再要紧的班也不加了。"她窃笑，此术真灵。之后，每到节假日，她便主动约上几个亲朋好友,陪丈夫玩几圈麻将,这样既可以娱乐又不致使丈夫染上赌博的恶习。

2. 以女性的温柔来感化对方

(小提示:"柔"也要有个限度,绝不能一味地迁就、忍让。)

大男人,通常都是吃软不吃硬。有一位女士的丈夫性格急躁,脾气一上来,那可真如电闪雷鸣。每逢此时她绝不和丈夫对着干,一般都是冷眼旁观,有时候,还会委屈得掉几滴眼泪,以唤醒丈夫的理性。等他冷静下来,她再就事论事、有理有据分析给他听。这样做的结果,往往是双方意见统一,皆大欢喜。

3. 真诚热情地对待丈夫的家人、朋友

(小提示:舍得为丈夫的家人、朋友投资感情的妻子,才是世界上最聪明的妻子。)

有一位女士结婚后的第二年,得知丈夫的弟弟要结婚。她毫不犹豫地将本打算添件皮衣的1000元年终奖金寄了过去。事后,丈夫非常感动,也学她的样,不时给她父母寄钱寄物。男人们大都爱面子,只要当众把面子给他撑足了,他们一般都会心怀感激。有一次,丈夫突然领一帮难得凑在一起的中学同学进家。碰巧那几天是月底,"财政"告急,但她连忙向邻居借钱买了酒菜,又倾尽家中所有招待丈夫的朋友们。客人们喝酒猜拳,聊天行令,狂欢了大半

夜。丈夫的朋友临走时直夸她贤惠，她倒没感觉什么，一边的丈夫却乐得合不拢嘴。

4. 妻子要善于变换自己的角色

（小提示：是母亲、妻子也好，是情人、女儿也好，此举要依情境而定，不可太过，否则就有矫揉造作之嫌。）

在家庭中，女人通常一成不变地以妻子这个特定的角色出现在丈夫面前，时间久了，不免令丈夫感到乏味，要知道，喜新厌旧乃人的本能。这就迫使做妻子的要懂得经常地变换自己的角色，以母亲、妻子、情人、女儿的身份交替出现在男人面前，或不留情面地批评，或知冷知热地呵护，或温柔体贴地抚慰，或天真纯情地撒娇。这样一来，丈夫才会觉得你是个很有情调、富有魅力的女人。

当然，"驭夫术"还有很多，那就要看聪明的女人自己如何挖掘了。

幸福指导　算算彼此的兴趣相投度

夫妻双方的兴趣是否相投是影响婚姻是否幸福的关键因素，下面介绍一种兴趣相投情况自测表，回答问卷前请把题目看清楚。然后，男女分开，各自答题，不要商量，也不要传阅；待完成问卷后，核对双方的答卷，并逐项记分。

请在下列各项中，挑出你最喜欢的三种活动和最厌恶的三种活动。

1. 看电影

2. 看电视

3. 看戏剧（各种戏剧）

4．听收音机

5．参加体育活动

6．观看体育比赛

7．看小说或画报

8．欣赏艺术（听音乐，去博物馆、工艺美术展览馆等）

9．下棋或打牌

10．旅行

11．看专业书籍

12．睡觉或休息

13．逛公园

14．散步

15．逛街或逛商店

16．种花、养鱼

17．技术革新、小试验、小发明

18．木工、缝纫

19．绘画、写作、歌唱、演戏或玩乐器

20．串门、访友

21．和朋友们聚会或聊天

22．讨论时事或政治

23．参加社团或群众活动

24．做家务

25. 做饭菜

计分：

异同	女方	关系线	男方
最喜爱的活动			
最厌恶的活动			

基础分数为45分；

一项同属最为喜爱的活动减去10分，若有x项共同喜爱的活动则减去10x分。

一项同属最为厌恶的活动减去5分，若有y项共同厌恶的活动则减去5y分。

若一方最为喜爱的活动是另一方最为厌恶者，则加上15分，若有z项这样的活动则加上15z分；不属上述情况者，则不记分。

根据以上方法算出最后总分。

计算公式：差距总和 $=45-10x-5y+15z$

举例如下：

计分：

异同	女方	关系线	男方
最喜爱的活动	11		11
	15		18
	24		7
最厌恶的活动	9		9
	20		20
	6		15

如上表所示，男女双方，有一项（如看专业书）是相同的兴趣；有两项是共同厌烦的（如下棋打牌、串门访友）；有一项是双方相反的情况（如女方

最喜欢逛街或逛商店，男方最厌烦逛街或逛商店）。

记分为：45-10×1-5×2+15×1=40（分）

解析：

按以上方法算得的分数，即是双方间差距的总和。分数低，说明差距小，彼此的配合程度好；分数高，说明差距大，彼此的配合程度差。

70分以上：

兴趣极不相投。

50~69分：

兴趣不相投。

40~49分：

一般。

30~39分：

兴趣相投。

29分以下：

兴趣极相投。

补充说明：有些夫妻在测验后感到失望，因为他们兴趣相投情况不够理想。那么，请再看一下那些双方都未加选择的项目。以上述的那一对为例，看电影、看电视、旅行、欣赏艺术……均未被列入最喜爱或最讨厌的活动。那么不妨在测验后，讨论一下那些题目，或许可以找到潜在的共同兴趣，作为发展双方共同爱好的基础，促使婚姻向有利的方向发展。

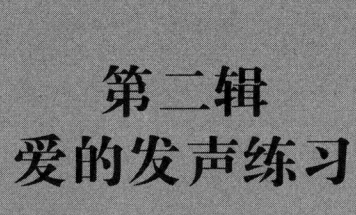

第二辑
爱的发声练习

第三章
甜甜蜜蜜编织幸福的柔情

婚姻不只是组成一个家庭，两个人一起生活下去，婚姻更需要浪漫，这也是每一个结婚的人所期盼的。再牢固的婚姻也需要阳光，需要浪漫，需要欣赏，如果夫妻双方长时间不去精心地呵护和维系，再美丽的婚姻最终还是会荒芜的。

坐下来交换意见，沟通思想

两个人结婚成为夫妻，如何润滑夫妻关系、维系美满家庭是两个人的必修课。经营婚姻需要智慧，夫妻双方都应该注重这方面能力的提升。

小瑞今年29岁了。她是四年前与丈夫相识的，谈了一年恋爱后，他们结婚了，并于第二年生了一个儿子。

小瑞当初就是因为丈夫老实稳重的性格才嫁给他的，但结婚后她发现，丈夫的脾气原来很执拗、很古怪。婚后一年，夫妻俩的生活就已经没有任何乐趣可言了。她主动关心丈夫，丈夫却总嫌唠叨，丈夫也从不问她的事。每天晚上吃过饭，丈夫便上网打游戏，她则看电视。丈夫下线后，她再上网。半年来，夫妻之间没有过任何交流，甚至夫妻生活也停止了。最后，小瑞提出了离婚，丈夫也没有反对。

在民政局的离婚登记处，两人都表情漠然。从登记到换证的十多分钟里，两人相互也没有说半句话，甚至连看对方一眼都没有……

在现实生活中，我们经常看到这样的情景：恋爱时花前月下、海誓山盟，但结婚没多久便厌倦了对方，开始争吵不休，最后各奔东西。其实这是没有理解婚姻本质的缘故。

婚姻专家说，婚姻有三重境界：第一重境界是和自己所爱的人结婚；第二重境界是和自己所爱的人及他的习惯结婚；第三重境界是和自己所爱的人及他的习惯、背景结婚。从这个意义上来说，真正的婚姻，是最后两种的结合。

夫妻之间要荣辱与共、休戚相关，知冷知热、嘘寒问暖。可以经常坐下来交换意见，沟通思想，把自己内心的快乐和苦衷倾诉出来。一句同情的话，一个鼓励的眼神，都会在一定程度上降低对方的心理压力，真正做到夫妻同心，其利断金。

巧妙应对"爱情聋哑症"

热恋中的情侣，有说不完的悄悄话，诉不尽的温柔情。一封情书，立下了多少海誓山盟；一束秋波，传递出多少款款深情；一句蜜语，令对方整个心灵颤动。

有些夫妻，似乎在热恋时已把情话说尽，婚后的交流简单到了令人吃惊的地步。诸如"饭做好了吗""孩子衣服脏了""该睡觉了"等寥寥几语，构成了他们家庭生活中的主要交流内容。这些人认为："一旦成为夫妻，就是自家人了，他爱我、我爱他，这谁心里都明了，何必唠唠叨叨地说出来呢？作为夫妻，两人又何必客套，显得假惺惺的？再说，恋爱时说过的'我爱你，我不能没有你'之类的话，如今再说起来，也怪不自在的。"

在这种观念支配下，他们在婚后一反热恋时的亲密与热烈，表达感情时觉得扭扭捏捏，甚至到了近乎冷漠寡情的地步。这样的夫妻实际上患了心理上的"爱情聋哑症"。

"爱情聋哑症"在生活中通常有以下表现：

（1）常常觉得与爱人聊天是浪费时间。

（2）两人很少共同讨论性生活问题。

（3）很少对爱人说一些甜蜜的话。

（4）喜欢一个人做事，不愿与配偶商量。

（5）认为特意取悦对方是无聊的事。

（6）爱人做了件自以为得意的事，你却不以为然，觉得没什么了不起的，不值得沾沾自喜。

（7）遇到矛盾或问题，夫妻俩经常生闷气。

（8）认为即使在爱人面前，认错也是很丢脸的。

（9）有些事心里很不满，可又不愿说出来。

（10）不知道爱人目前的苦恼。

（11）爱人生气时，常常置之不理。

（12）爱人谈想法时，自己常常显得心不在焉。

（13）有时两人在一起时，反而觉得无聊。

（14）很少去深究爱人为何情绪不好。

"爱情聋哑症"是夫妻生活中的一种"慢性疾病"，虽然不会马上引起家庭剧变，但是此症不除，一则影响了夫妻生活质量，降低了婚姻的幸福指数，使双方难以充分享受到婚姻的乐趣；二则日积月累，"病灶"有可能渐渐扩大，从而给婚姻带来不稳定因素。所以，应当对症下药，及早治疗。

制造浪漫：给幸福婚姻来点佐料

所谓浪漫，不仅仅是在生日的时候收到一大捧美丽的花束，也不是在特别的纪念日里享受短暂的快乐。新兴的浪漫主义，要求你用心创造每一个可以相聚的小片刻，感性地享受，性感地相处。事实上，亲密关系的营造并不一定要大费周章才能成功，也不是兴师动众地邀请一整个乐队来伴奏的烛光晚餐才作数。不妨尝试着就只是一双紧握的手、一本两人喜欢的漫画书、一段有轻音乐伴随的减压按摩，你会明白，原来贴近一个人，是可以如此地轻而易举。

下面，为你提供几个点子，让两人的夫妻生活多添一点浪漫与甜蜜。

1. 充分利用纪念日

纪念并不一定非要有个特别的理由。发挥想象力创造庆祝的理由，都可以是一个浪漫一下的好机会。让彼此都回想起最初心跳的感觉，就是最好的浪漫方式！当然，最重要的结婚纪念日绝对不宜遗忘。

2. 给对方一个轻轻的拥抱

一个轻轻的拥抱能够融化一颗层层防御的心。当你为他（她）斟上一杯香醇的咖啡时，别忘了加上一个体贴的拥抱，这可比糖和奶精更让他（她）甜在心头。

3. 相互尊重

这是常被低估的一部分，总以为结了婚，还有什么不满足？聪明女人以拥有健康的自尊为满足,她们期望自己成为一个在感情中仍然独立的人。学着给予尊重,让彼此站在同一个高度,分享共同的人生视野。

4. 浪漫情调永相伴

浪漫情调并非热恋中的情侣专有的特权,婚姻中的你们拥有更多理直气壮浪漫的理由。用一个迂回的方式来邀请她共进午餐,牵起他的手或是紧紧地搂着他,让他有一个温暖的依靠,按摩他宽厚的肩膀,顺势用脸颊磨蹭,或是以视觉、听觉、香味抓住他的注意力,让他的双眼在你身上多停留几秒。浪漫,就从舍不得离开的眼神开始。

5. 亲密时刻共分享

亲密时试着没有压力地共享彼此的想法和价值观。甚至,先具体地从共享一个衣橱、浴室,逐步开启你的浪漫神经。

6. 我的心里只有你

还处在约会阶段时,你们很难松开彼此的手,结了婚,这样甜蜜的镜头就不见了吗?安排一个别出心裁的约会来为你们的感情打打气吧!或者就带着心爱的他(她)在热情的周末出去走走,找间悠闲的度假饭店,好好地浪漫一下。

7. 临别一吻寄深情

你绝对想不到,当他急着出门时的匆匆一吻有多么大的魔力。临别的一吻能把你们彼此的心紧紧地系住,让他一整天都沉浸在甜甜的亲密关系中,好像你从没离开过似的。

8. 制造惊喜多用心

偶尔意外地为他煮顿丰盛的晚餐或是偕同他去最喜欢的餐厅,精心地营造一室的浪漫,或者冰镇一瓶纯酿红酒,再点上带有香氲的蜡烛,随着飘来的音乐，让累了一天的他有一个如沐仙境的惊喜。

9. 把承诺进行到底

婚姻不仅仅是一纸法律上的合约，它还包含了肢体、情感上的结合。在婚姻里，双方都引颈期盼彼此感情的忠诚及患难与共的相互扶持。在这儿，没有中间的灰色地带，你不能粗糙地只作一半的承诺，把另一半留给可能发生的婚外情。

10. 关上你的电视机

关掉电视机吧！哪怕就那么一两个小时也行。一起看看书，聊聊一天的趣事，或者就是享受一下还不太习惯的沉默……多么奢侈的享受！

你看，浪漫就是这么简单！

所以在合适的时间、恰当的地点，赶紧把这几种做法说给对方听，对方肯定觉得是个极好的主意。

做回"坏"女人：重拾恋爱的幸福

在恋爱的时候，你无意的浅笑会把男朋友的魂儿勾走，但是结婚之后，你变了，你认为调情是"坏"女人的专利，不是"淑女"的行为。

对于一对真心相爱的伴侣来说，调情是天经地义的事情。即使结婚多年，两人凝眸对视，也会激发对方的爱意，变得更加温柔、体贴。

要想让丈夫和自己找回恋爱的感觉，以下两点可以帮助你达成心愿。

1. 重拾恋爱时的浪漫

浪漫是婚姻和谐的黏合剂。结婚以后，生活的琐事会取代恋爱时的浪漫，天长日久，形成习惯，便有婚姻走到尽头的感觉，这时候很自然地会想到婚姻是爱情的坟墓。其实，一对相爱着的情侣，共同经历过的"第一次"是最难忘、最浪漫的。在经济条件许可的情况下，不妨双方商量一下，制订一个长期和短期相结合的、可操作的、有效的浪漫计划。比如：

（1）重游第一次见面的地方，一起回忆初见时心动的感觉。

（2）重新体验两个人第一次去电影院看电影的感觉。

（3）两个人到第一次约会的地方约会。

（4）重新走第一次旅行的线路，体验当初的感受。

两个人从陌生到相识并走在一起，有很多第一次，在恋人眼里，所有的

第一次都是浪漫的，因为浪漫，所以难忘。不论多么忙，都要创造机会，两个人一起去重温相识以来经历的"第一次"。毫无疑问，这种有意识的行动非常有效，它可以引燃对方的激情，在平淡的婚姻生活中激起爱情的涟漪，重新享受缠绵、痴迷的初恋感觉。

除此之外，你要经常给丈夫送礼物。当丈夫回赠礼物给你的时候，不要说："都老夫老妻了，还玩这一套，尽浪费钱！"你这么说，会掐死他内心那一份已存留不多的浪漫情愫。其实，情侣之间最好的调情方式就是时常送礼物给对方。如果婚后你经常给丈夫送礼物，会让丈夫体验一种久违了的自豪感与幸福感。

2. 以温柔的方式跟丈夫交流

男人喜欢简单、直接的表达方式，一旦他明白你的需求，就会记在心上，并知道应该如何去做。所以，你要明确表达自己的想法，告诉他你需要他什么样的爱，并希望他抽出每天至少半个小时沟通的时间。有时，一句开玩笑的调情话语，丈夫会开心无比，对你宠爱有加。当丈夫因公事和女同事约会时，你与其满腹狐疑，倒不如撒一下娇："老公，开心去玩！"这时你丈夫不但不会生气，反而觉得妻子可爱而调皮，心里充满着温馨和浪漫之感。如果你经常这样做，就会重燃丈夫内心那一份对你炽烈的爱。

男人们学着用游戏增添幸福感

提到游戏，丈夫们都会嗤之以鼻，一定会说："我又不是小孩了，做什么游戏？"这里的游戏不是指小孩子的游戏，而是丈夫和妻子之间任何娱乐性的互动行为，只要它能给你们带来快乐。

生活中充满了褶皱，就像衣服会起皱一样，人们的心情会起皱，夫妻之间的感情也会起皱，这都是不断积累的问题和烦恼造成的。在需要抚平你们关系的褶皱时，试一试游戏吧！用游戏抚平褶皱，用游戏解决问题。如果丈夫能营造出一种轻松的氛围来拉近自己和妻子的距离，消除一些误解和争执，效果会比"讲理"好得多，妻子也更愿意接受。

成年人时常会羡慕孩子们做游戏时的投入与开心，其实，成年人也需要游戏。当紧绷的心松懈下来，就容易和另一颗心接近，以前的诸多困扰也会随之而消解。人总要面对这样或那样的问题：难以忍受的同事，管闲事的亲戚，让人头疼的家用电器。即使有时问题只跟你们中的一人直接有关，也常常会影响你们两个人。再有这样的事情发生时，试着抛开眼前的一切，和你的爱人做个你们都喜欢的小游戏吧，看看你们的心情会有怎样的改变。

在一部影片中，结婚不久的两个人渐渐对生活没有了激情，丈夫不停地

抽烟，妻子抓住一件小事就抱怨个没完，新婚的快乐很快就消失殆尽了，每一天都变得让人难以忍受。在他们都不知道该如何是好的时候，奇迹发生了。

这天丈夫去超市，无意间从玩具架上拿下一辆小汽车把玩，越玩越喜欢，就买回了家。他指挥着这辆汽车"跋山涉水"时，妻子也加入进来。那次，他们玩得很开心。丈夫受到了启发，又买了很多玩具回来。空闲时间，他们再也不沉默或争吵了，而是兴致勃勃地投入玩具大战中，生活又有了情趣。

重要的是，他们不再挑剔、排斥对方，而是体验到了共同完成一件事的乐趣。

真爱不累，幸福不贵

游戏确实能使夫妻关系更融洽，因为一起玩游戏说明你们的关系很特别。只有跟亲密的人在一起，你才会随心所欲、孩子气、彻头彻尾地傻气。丈夫在外面拘束惯了，在家里也有些刻板，妻子当然不喜欢你这样，这样的你让人无法接近。游戏是展现丈夫亲切、温柔的一面的好机会，你跟她一起游戏，就等于在说："我喜欢你，喜欢跟你在一起。"也等于说："我足够信任你，可以在你面前放下我的拘谨，跟你一起犯傻。"

有一位年轻的妻子这样说："我先生和我一起笑、一起游戏的时候，我会忘记所有的烦恼、忧虑和责任。我们完全放松地面对彼此，毫无顾忌地大笑，才发现我们原来可以相处得很好，他不再是个木头人了，而且他竟然在很多方面比我更有创意。

游戏使我们度过感情的艰难时日，那是我们似乎对所有的事情都有分歧的时候，也是我们两人的未来似乎陷入绝望的时候。但当我想起那些有趣的时刻和那些亲密的瞬间，我知道我们可以克服这些分歧。"

这位妻子的感受具有代表性，也许你的妻子和她一样，希望和你度过这样的时刻。为什么游戏使你们感觉彼此更接近呢？我们可以把夫妻比作两片完美拼接在一起的拼图，彼此离不开对方，但仍能看出每一片是独立的个体。游戏就产生这种效果。游戏中的夫妻都会有独特的作用，又共同创造着快乐，在游戏的过程中不仅放松身心，也加强了"我们"的意识，拉近了彼此间的距离。

既然如此，好丈夫不该忽略这个谈笑间增进感情的方法。你可以想象成你欠妻子一笔"笑声债"，而欠债是要还的。婚姻就是两个人承诺彼此相爱、互相尊敬、怜惜对方、使对方快乐，你欠你的妻子很多笑声，所以你要在以后的日子里把笑声还给她。选择适合你们的游戏，把它放进生活的间隙，体验游戏带给你们的快乐吧！

下面给丈夫的一些提议，你可以选择其中的某一项，最好能根据你们的情况，创造出更适合你们自己的游戏。

（1）在两周内每天给对方说个新的笑话。

（2）参加一个男女混合的排球队。

（3）穿上你们防水的衣服，在雨中散步。

（4）聊聊彼此的白日梦。

（5）举行一个"让我们庆祝今天"的酒会。

（6）开垦一个花圃。

（7）写一封情书并寄给她。

（8）躺在草坪上描述你们从云里看到了什么。

（9）参加一个美食烹饪班。

（10）安排一次约会，把它假设成你们的第一次约会。

（11）听一场音乐会。

（12）到当地的农贸市场走走看看。

（13）选择一部经典电影的录像带，在家里过一个电影之夜。

（14）到艺术博物馆、公园或者其他任何你们觉得好玩的地方去度假。

（15）享受一顿"垃圾食品"的晚饭。

（16）到购物中心打电玩。

（17）一起放风筝。

（18）一起学习新东西，如空手道。

（19）挑战难度较大的智力拼图玩具。

（20）浏览幽默网站的笑话。

（21）把自己假想成一对名人夫妻，并以他们的身份生活一天。

（22）为你的爱人起一个私人的、浪漫的昵称。

（23）出去远足。

（24）堆一个沙滩城堡或雪人。

（25）一起唱情歌。

（26）过一个"拥抱日"，每当你们经过对方时，给对方一个拥抱。

在选择游戏时，要注意这是游戏而不是比赛，所以最好选择娱乐性强、对抗性小的。气氛越活泼、轻松的游戏，越有助于促进你们的关系，最重要的是双方都喜欢。

游戏不仅制造快乐，还能给丈夫增加浪漫情调。游戏是不同于生活的一种氛围，当你和妻子没有任何压力、目的，完全放松地一起游戏时，那种感觉不只是快乐，还有亲密。好丈夫应该多陪妻子度过一些这样的时光，除了享受近在咫尺的快乐，也是在储备幸福。

用情人的心态对待丈夫

为什么男人宁愿和情人黏在一起也不想回家？作为妻子，不要误认为丈夫不爱那个家。

丈夫在外工作了一天，有很多琐碎、烦恼的事使他烦躁或焦虑；而一些有形或无形的压力，像空气一样无处不在，困扰着丈夫的心。回到家，又要面对柴米油盐、你的唠叨、孩子的闹腾，不可逃避的金钱、人情等世俗气氛弥漫在家庭的每个角落，充斥着他的呼吸，使他喘不过气来。而身上依然流淌着浪漫情愫的他，当然希望找一个可以逃离苦恼的精神依托，暂且体验一下轻松的感觉，于是，寻找情人来满足他的倾诉欲望，是他最渴求的选项之一。

作为妻子，尽管可以骂丈夫"犯贱"，但是，骂完之后应该冷静下来，从自身或从婚姻本身寻找原因。

在恋爱的时候，他为什么舍不得离开你？想过其中的原因吗？是不是因为那个时候的你一直很浪漫？比如，一起在夕阳中漫步；傻乎乎地跑到丈夫的单位等他下班；情人节那天，你穿上最漂亮的衣服，将自己打扮得如天使一般，希望得到他一句赞美的话；或背上一把吉他，两个人骑一辆自行车到野外，哼

自己喜欢的情歌？现在想想，这些激情、温柔，你还有吗？你是不是很久没有好好装扮自己了？在丈夫感冒的时候，你是不是宁愿陪孩子，也不想给丈夫泡一杯热茶、说一句体贴的话，是不是没有让丈夫感受到你爱他、关心他？

结婚之后，两个人在一起，平淡的日子占大多数，我们也许已经习惯了这种平淡，时间一长就感觉不到爱了，更体会不到当初恋爱的感觉。

也许有些女人会反驳，用很多人常说的"平平淡淡才是真"来说明真实的生活就是这个样子。婚后的生活的确是平淡的，可是，别人所说的平淡，是指热恋过后的平淡，是一种相对的平淡。你要知道，真心相爱、懂得爱的情侣会在平淡的生活中再掀起激情，平淡与激情如波浪般交替出现，使他们经常能体会到一种恋爱的感觉，而平淡得没有激情的婚姻，确实如人们所说的那样，它是爱情的坟墓！

好端端的一段感情怎么就变成"坟墓"了？活生生的两个人，走进婚姻殿堂以后，竟然被摧残成这个样子。家不像个家，倒像一个旅馆，两个人犹如陌生人进进出出于这个"旅馆"，彼此没有感觉、相对无言、冷漠如铁，这实在是莫大的悲哀。

谁能忍受这种年复一年、周而复始、犹如流水线般没有激情的生活呢？当婚姻枯燥得如冬天的落叶时，男人只要有机会，就会寻找其他异性刺激自己，暂且抛弃所有的烦恼。作为妻子，吸引丈夫回家的武器之一，就是保持当初跟丈夫恋爱那样的心态，时不时给丈夫一种意外的惊喜，尽量让丈夫远离一些烦琐的事。

夫妻之间经常互动，彼此就不会感觉到生疏，不论在任何时候，彼此都能感受到对方的心意,而不是"我不知道她想什么"。

如果你跟丈夫心意相通,让丈夫感觉到你的"变化",不时让丈夫体会一种"新鲜"感,那么恭喜你,你已经成为丈夫的合格"情人"了!

幸福指导 女人最爱听的十句话

有句俗语说:"降服女人靠嘴巴。"的确,甜言蜜语是打动女人心房的最好方法。常对爱人说说这些话,能增进感情。

第一句:"你真漂亮。"

杀伤力:★★★★

如果要列出女人最不可缺的三样事物,很可能就是食品、衣服和赞美的话语。所以,有机会就要大力赞美她,不要迟疑。赞美越多,你得到的回报越多。

第二句:"你是我唯一真爱的女人。"

杀伤力:★★

说这话让她确信,你是只有一个女人的男人,不会频繁地换女友。

第三句:"你的身材很棒。"

杀伤力:★★

说这句话可以让她感到自己好像是性感女神,在相处中也会少了很多顾忌。

第四句:"你会成为一个优秀的母亲。"

杀伤力:★★★

很多女性想有孩子，但会怀疑自己能不能当好一个母亲。说这句话可以让她更有信心去养育小孩。

第五句："你愿意今生与我共度吗？"

杀伤力：★★★

大多数女性是多愁善感的，但这句话可以拨动她的心弦。你还可以向她保证，你将永远陪在她的左右，一辈子照顾她。告诉她，没有她你这辈子会变得很不完整。

第六句："你认为……怎么样？"

杀伤力：★★★

征求她的意见——大到买车买房，小到该穿什么衣服，都可以征求她的意见。这样做，让她知道她的意见对你来说非常重要。

第七句："你是我最亲密的伙伴。"

杀伤力：★★★

让她知道你喜欢的不仅是她的美丽外表，你不仅把她看作爱人，还把她当作生命中最亲密的朋友。尽可能在性趣之外跟她建立起别的联系。

第八句："遇到你我觉得很幸运。"

杀伤力：★★★

告诉她，她是你的唯一，你的生命因为有她才美丽。当她为这句话而脸色绯红，请不要感到奇怪。

第九句："我所想的一切逃不出你的眼睛。"

杀伤力：★★★

想让她感到自己是超级女神吗？不管是在她端菜上桌的时候，还是她为你买礼物的时候，你都说这句话，让她觉得她了解你胜于你了解自己。这样，不用要求，她也会给予你更多。

第十句："我爱你。"

杀伤力：★★★★★.

这三个字有神奇的魔力。

第二辑 爱的发声练习

第四章
怎么说，怎么爱——夫妻之间的沟通术

在许多家庭中，夫妻对话像上级对下级发号施令，讨论家庭问题像领导开会，沟通如同政治对话、学术答辩和法庭审案，这样不但不能以理服人，更谈不上心灵交流。因此，夫妻双方不会沟通，是家庭不和谐的主要原因，也是婚姻不幸福的源头。

维系夫妻关系最重要的是沟通

人类首桩婚姻是亚当与夏娃的结合，上帝诫亚当和夏娃要学会修理和看守伊甸园。这所说的修理与看守，不仅仅是针对飞禽走兽、百鸟花卉，很可能也针对家庭婚姻关系。亚当和夏娃婚姻的失败，原因之一便是他们之间的沟通出现了问题。因为他们生活在鸟语花香、动植物争奇斗艳的美好环境里，情随物迁，逐渐忽视了配偶之间的内心沟通，结果被装亲切的魔鬼乘虚而入，夫妻之间的沟通进一步恶化，甚至到了夫妻反目、互相指责、推卸罪责的可怜地步。

一个星期天，丽萨正在忙着张罗一家人的午饭，丈夫上网寻找资料，孩子正在准备下星期的小考，丽萨请求丈夫去监督一下孩子。

丈夫说："哦。"

过一会儿，丽萨看丈夫没有去儿子房间，又叫一次说："老公，你快点去呀！"

丈夫没有作答，内心却想："功课是属于孩子的，他需要学会自己的事情自己做，不够努力的话，成绩会提醒他，不用为他担心。更何况，我也在忙呀！为什么你不关心自己的丈夫呢？"

于是就大吼着说:"你知道你有多烦人吗? 不要一直叫!"

丽萨也很不高兴地说:"难道儿子是我一个人的吗? 你不能也做一点事吗?"

两个人吵得很凶,家庭气氛也变得异常沉重起来。

沉重的家庭氛围一定不是大家所喜欢的,那要怎样改善呢?"破冰"的办法就是建立共识以及维持好的关系。而想要做到这些,双方都需要用心学习:把内心所想,用对方喜欢听的方式说出来。

妻子可以这样做:

(1)暂时停下手中的工作,到丈夫身边说:"我一直在忙,我担心孩子在学习上会三心二意,麻烦你抽个空,去孩子的房间陪他一会儿,好吗?"

假若这样说丈夫还是没有动,就需要耐心地静静等待,不要再做第二次催促。如若真的想要知道为什么他不去时,可以走近丈夫去听听他的想法,问:"我想你不去,肯定是有其他的想法。"之后认真听听他的心声。

(2)妻子需要学习接受:

丈夫拥有自己的想法是合情合理的,当他的想法与我的想法产生分歧时,就是需要沟通的时候了。沟通时除了说以外,也需要倾听与支持。

爸爸的教育观被妈妈尊重,也是至关重要的。

丈夫可以这样做:

(1)将自己的想法明确地表达出来。需要暂时停下手中的工作,靠近太太,之后将自己的想法明确地表达出来,如:"孩子已经长大了,我希望让他自己试试看,这样我们会比较轻松,孩子也能学会对他自己负责。当我在认真做我的事情时,请不要急着安排我去做别的事。我们也可以享受二人世界,我好想和你去看电影、逛街。"

（2）丈夫也需要学习接受：只有将心里的话说出来，太太才明白我现在想什么。例如，我正在忙、让孩子自己做等，把自己的教育观明确地说出来，与太太进行沟通是非常有必要的。

总之，夫妻之间的沟通，是维系家庭婚姻的生命线，万不可视对方留在我们身边为理所当然，或以为结婚以后两个人就能幸福快乐地过一辈子。

真爱不累，幸福不贵

把握夫妻间沟通的最佳时机

夫妻之间通过相互的语言交流，能够更全面地了解彼此的思想、情感以及意向，消除不必要的误会，以便更好地共同生活。然而，夫妻共同生活的时间一长，就会理所当然地认为有些事对方会知道、可以体会到，不需要开口说明、解释就能明白，从而引起一些误会或者不愉快。所以，夫妻间的沟通不仅需要坚持以及习惯化，还需要学会选准时机。

一对夫妻下班回家，出现这样一幕对话："啊，亲爱的，你回来了，今天的工作忙吗？"妻子关心地说。

"没什么。"丈夫的回答不予明确。

"好啊，那么你帮我洗菜好吗？"妻子向丈夫提出要求。

"我今天累极了！"丈夫又是不明确地给予答复，只是给出一个模糊的理由。

"亲爱的，今天有什么事，工作不顺利吗？给我讲讲好吗？"妻子又提出问题。

"没什么，告诉你也帮不了什么忙。"丈夫小声咕哝一句，脸色不是很好。

"待会儿有几个客人要来，我忙活半天了，你帮我……"妻子又提出要求。

"好吧，好吧。"丈夫不耐烦地打断了妻子的话，不想听她的陈述。

夫妻俩闷闷不乐地干起了活儿，客人来了，夫妻俩殷勤招待，两人都累得够呛。

客人走了，妻子面对杯盘狼藉的残局，说："亲爱的，帮我……"

这时丈夫终于忍不住了："帮你、帮你，你当我是机器人啊！我天天上班累得要死，晚上我还得加班。你把我当什么了？"这时妻子也发火了："我早就问你有什么事了，你不说，现在你发什么脾气？这家务活就活该我一个人干？这个家就是我一个人的吗……"于是双方怒气冲天地抱怨起来。

从这对夫妻的对话中可以看出，妻子在不适当的时机提出要求，最后只会引起争吵。为了避免蓄积负能量，夫妻双方一定要选择好时机，巧妙而有策略地进行交流沟通。相信不少人在一些外国影视片中常常看到夫妻某一方说："我想找你谈谈！"于是，双方会找一个机会把心中的不快全倒出来。但是大部分的中国夫妻却把意见、不快都各自埋在心里，不挑明，还美其名曰"脾气好，有修养"。然而，相互闭锁只能导致误会加深，长期压抑等于蓄积负能量，一旦矛盾爆发，破坏性更大。

不同内容的交流沟通，对时机的选择也有不同的要求。交流沟通不愉快的话题，或想提出意见，在时机的把握上就要动一番心思。千万不要在丈夫或妻子心情不好时提出来，特别是当男人工作一天回到家后最想得到轻松愉快的心境时，女人最好不要提起不愉快的事情。

休闲类的交流，是夫妻间最常进行的，随时都可以沟通。特别是在温暖的家中，男人喜欢跟妻子聊聊天，说一些跟外人无法说的话，或者开个玩笑，夫妻之间怎么开玩笑都不算过分。这时的女人不要只当听众，此时男人最需要的是来自女人的回应。

夫妻双方只要还想维持婚姻关系,都希望继续美满幸福的婚姻生活,就一定要有一人先站出来开始交流沟通。丈夫作为男人,特别要敢于担起这个重担。

夫妻沟通的四个规则

大量事实表明，在现实生活中，沟通不良是许多婚姻家庭产生问题的"祸根"，它往往引发各种婚姻家庭的矛盾冲突，甚至导致婚姻解体。如何进行夫妻间的良好沟通是一个重要问题。

简单点说，沟通就是把自己的意图传达给别人，且为别人觉知的行为。沟通可以是语言的也可以是非语言的，只要传达了意图就是沟通。由此看来，夫妻之间并不缺乏沟通，通常存在的问题是能否良好沟通。沟通不畅只是沟通不良的一种表现。而有的情况，如妻子非常愤怒地指责丈夫下班后总是晚回家，应该说这时沟通是通畅的，丈夫知道了妻子为什么不满，但丈夫未必能够接受这种沟通，他很可能还是很晚回家，这可能加剧他们之间的矛盾冲突，那么这种沟通就是不良的。夫妻沟通本可以是积极的、建设性的，但也可以是消极的、破坏性的。应该尽量使不良的沟通转变为良好的沟通，以利于我们婚姻中其他问题的顺利解决，促进夫妻感情向良好和健康的方向发展。

通常情况下，夫妻主要在以下一些地方表现出沟通不良：双方经常产生误解，还不愿听对方的唠叨；经常用挖苦讽刺的语言，还不断地吹毛求疵；只说不做，还只注重自己的感受而从不会倾听对方的意见等。

在这里介绍一些比较好的沟通原则给大家：

1. 言行必须一致

沟通并不只是嘴上的功夫。比如，光嘴上说关心是不够的，如果真正关心对方，就应该经常关注对方的情感和需求。如果夫妻某一方言行不一致，也可从中发现婚姻问题的一些症结，宜尽早予以解决。

2. 实事求是

在批评时，不能夸张、歪曲地去责怪对方"你从来什么家务也不做""你总是和我大声喊叫"。对方可能会说"我不是从来""我不是总是"，不但不承认被指责的事，而且可能还指责对方不讲理，并纠缠在到底做过多少的"次数"上，以致转移了主要问题。

3. 真情表白

真实表露自己的心意，不仅有助于体现表达者的自信，既不怕被评判，也有助于夫妻之间的真正亲密。或许有的人会说正是顾虑对方才隐瞒真正的感情，其实这种顾虑多半是为了自己，因为怕自己不是对方想象中的那么好。当然，夫妻之间最需要沟通的，就是及时把美好的感觉告知对方。

4. 深入交流

不管是子女教育问题，还是夫妻间的感情问题、性生活问题等，双方都应有深入的交流，这样才能做到真正的相互理解。

幽默对话，平添生活情趣

社会学家把幽默感视为维系婚姻爱情的关键要素。在他们开列的医治夫妻感情不和的处方中，第一味药便是"培养夫妻双方的幽默感"。婚姻生活是夫妻两个人的生活，面对这样或那样的琐碎事情，彼此心中难免会有矛盾，变得风趣、幽默不仅会有效地制止矛盾，更能增进感情。

在现实生活中，我们常常看到这样的家庭：两口子在家无话可说，或是一人占着电脑，另一人占着电视，井水不犯河水，各玩各的；或是对对方感到厌烦，甚至恶语相向。但各自到了外边，和其他的人会有说有笑，又变得生动有趣，显示出了活力。这是怎么回事呢？

失去激情和幽默感的婚姻，就会被冷漠或烦心所占满。许多婚外情的产生，就是对过于平淡无趣的婚姻生活的厌倦导致的，想在婚外情中寻找激情和情趣。

其实，如果在婚姻中我们注意保有激情和情趣，又何必到外面去找呢？何必给婚姻带来动荡呢？

婚姻是最需要不断地保持幽默感和富有激情的。一方的幽默，另一方很容易懂得，这样的男女可以说是性情相合，感情互通。

例如，有位年轻的妻子，等丈夫回家等得有些不耐烦了。丈夫回家后，她嘟着嘴，不搭理他。

丈夫没生气，也没解释，只是风趣地说："怎么，你想我想得心烦了？"

妻子被丈夫逗得忍俊不禁，怨气也随着笑声而逝。

再如，有一对老夫妻吵架后，彼此不再开口了。过了几天，先生忘记了吵嘴的不愉快，想和太太说话，可是太太不理他。

后来，先生在所有的抽屉、衣橱里到处乱翻，弄得老太太忍无可忍，问道："你到底在找什么呀？"

"谢天谢地！"老先生说，"我总算找到你的声音了。"老太太被他逗笑了，两人又重归于好。

只是一个很简单的举动，就起到了很大的效果。

许许多多温馨的家庭，总会有说不尽的情话，也会有很深的默契。实际上，婚姻要想保持和谐，还需要在一种心灵上有交汇。缺乏这种心灵交汇的婚姻，一般会陷入冷淡、没有趣味的境地。当然，爱打趣或能被趣话打动，表明两个人潜意识中拥有共同的趣味。换言之，只有两个人有默契地一起来保持这种趣味，并时不时激发这种趣味，婚姻才会长久保鲜，爱情才能进行到底。

不便说出口的话，可用身体语言表达

夫妻，可能都希望跟对方清楚地沟通，不喜欢对对方的心思猜来猜去。但是，你有没有遇到过这样的窘况：内心想说的话无法用口头语言来表述，有一些话不便直接对对方说出。是的，即使是"两口子"这样亲密的关系，也有一些话在一些场合下是不便直接说出口的。

这时，该怎么办才好？你可能忽略了你最忠实的一套语言系统——身体语言。身体语言，简单来说就是你能够用身体动作表达出来的"沉默语言"，包括你的面部表情、身体动作、姿势，以及身体间的空间距离。这些信号集中在一起，能够向对方传递一些信息，虽是暗示，也可以很明了。读懂了这些身体语言，对方就能理解你的意思。

让我们看看，夫妻之间在哪些场合下，有话不便直说，而更适合使用身体语言来沟通。

1. 用行为表达不满

身体语言可以帮助你把自己的想法和愿望传递给对方，避免语言可能引起的冲突。比如，有一位妻子是这样说的："男人似乎都有一心二用的习惯，我非常希望和儿子、爱人一边温馨地聊着天，一边吃着可口的饭菜。但是，儿子和爱人都喜欢一边盯着电视看，一边漫不经心地吃着饭。通常，我总是一边专心地吃着我的饭，一边默默地往他们碗里夹着他们各自爱吃的菜。过了一段时间，如果他们还是无动于衷，我就会一句话不说站起来，把电视机关了。这时，爱人马上歉疚地看了我一眼，假装怪罪儿子；儿子在一边瞅瞅我，不敢说什么；而我就好像什么事情也没发生一样，转移话题，笑着吃饭。这样，气氛很快就进入了我预期的效果！"

有时候，口头表达对别人的不满，可能引起争辩，浪费时间，但是用行动来表达，干脆利落。让对方去领悟自己行为中的意思，这种暗示的效果可能会更好。

2. 用搂抱化解冲突

身体语言对解决冲突也有很大的作用。美国心理学家研究发现，夫妻间发生冲突时，单纯用语言沟通很难达到人们所期望的结果；但是，如果一方使用了肢体语言，矛盾就可能很快迎刃而解，尤其是妻子的负面情绪会很快清解。

几乎所有的女性都不喜欢她们的丈夫跟她们"讲道理"，而是更希望丈夫用肢体语言来表达爱意。比如，当妻子不断抱怨丈夫对她冷淡时，丈夫只需上前紧紧拥抱她，妻子的怨气就会立即消失。

有一对小夫妻，为周末回他家还是去她家看望父母的事，争执了大半天，最后两个人越吵越凶。盛怒之中，他摔掉了一个茶杯，还差点儿撕碎了两人的结婚照。可是，当她趴在床上伤心地抽泣，甚至准备收拾东西搬到宾馆去住时，他走进来，拉住她的手。她要收拾东西，他拦住她，实在拦不住，他就干脆抱紧她。她对他的胸口花拳绣腿般一阵猛打，他故意挺直胸膛，让她使劲地敲打。他虽然没有开口承认他错了，但为此饱受她的"虐待"，就间接地表明了自己的歉意。结果，两人很快就化干戈为玉帛。

为什么一个拥抱会有这样神奇的效果？心理学家研究发现，女性的大脑大多呈右脑占优的特点，这种特点决定了她们更喜欢感知事物，而不是用逻辑理性来认识事物。丈夫用拥抱和深情的抚摸，可以向妻子传递这样的信息："你不是说我冷漠吗？你看，我此时对你有多热情！"可见，夫妻之间在发生矛盾的时候，如果用肢体语言来沟通，可能会更容易化解矛盾。

3. 轻擦耳朵，表示听烦了

轻擦耳朵的手势，表示一个人正试图阻止感到厌烦的对话。小学生在课堂上听烦了，会下意识地用手堵住耳朵，然后借机跑开。而摩擦耳朵是这一肢体语言的成人版本。

出于礼貌，爱人不可能在你跟前堵住耳朵，所以就把堵住耳朵这一动作演化成为轻擦耳朵。这时，你要注意你正在谈论的话题是不是枯燥，或者讲述的时间是不是已经太长了。当发现爱人有这种动作的时候，你可以适时地递上一杯水，让他（她）把手从耳朵上放下来，这也许会暂时改变他（她）的态度。

4. 这些动作，表示需要安慰

我们每个人都有心累的时候。这时候，我们可能非常需要最亲密的伴侣的理解和安慰，但是这种情愫未必方便直接说出来，因为它是比较微妙的。这时，我们可能就会下意识地表现出某种身体语言。而善解人意的伴侣能够从我们的身体语言中读出我们的这种心理需求，从而关注我们的情感，采取安慰的行动。

人在需要安慰的时候，往往会在伴侣面前表现出如下的身体语言：

一是头歪向一边用手托住：托住脸颊的手，代表安慰自己的母亲，或者是恋人柔软温暖的臂膀，总之就是希望得到爱人的拥抱和安慰。

二是按住脸颊、头、头发：当发现自己造成错误时，用双手用力压住双颊，是在告诉所爱的人——我需要得到安慰。

三是双手交叉环抱胸部：婴儿时期，受到惊吓的你在母亲的边哄边摇中，很快会安静下来；成年后，这个动作也会让你在遭到挫折时得到安抚。

四是握紧自己的手：握紧自己的手时，其中一只代表自己，另一只代表你的爱人。紧张时紧握自己的手，聪明的对方就会明白，你需要支持的力量。

幸福指导　肢体语言透露小秘密

想知道你的爱人对你是温情脉脉还是热情如火，是漫不经心还是生死相依吗？其实，这些你都能从他的肢体语言中感受出来，集中你的注意力，根据他的动作去判断他对你的情感。

测试问答

1．每次你们商量好共同去吃饭时，如果他不小心来晚了，会有什么样的表现？

　　A．看着地面，说声"我不是故意的"

　　B．摸着你的肩头，很小声地说"对不起"

　　C．走到你背后，用手抱着你的腰，然后说"对不起"

　　D．只是说声"对不起"，然后就自己缓慢向前走

2．他走在你的前面，你在不远的地方叫他的时候，他会有下列哪种表现？

　　A．停下脚步，站在原地不动，回头默默地看着你

　　B．回过头，缓缓迎着你走过来

C. 回过头来，速度很快地向你走过来

D. 答应你一句，依然背对着你，停下脚步

3. 他走路时，会有下面哪种习惯性动作？

A. 走路速度很慢，一步一步缓缓走过

B. 步伐迈得很小，不过速度很快

C. 慢慢走路，一步一步，步步有力

D. 走路速度很快，类似小跑一样，匆匆忙忙

4. 你们两个人在公园或街上单独相处时，他如何对待你？

A. 不怎么管你，他自己一个人走在你的前面

B. 与你肩并肩，很无所谓地走在一起

C. 挽着手臂，并肩而行

D. 相互手拉手，一起向前走

5. 当你和他的同事有说有笑时，他从你身边路过看到此种情况会是什么态度？

A. 很生气的样子，从身边走过去

B. 与自己的同事说句话，然后走过去

C. 停下来，和你们一起说话

D. 以上三种都不是

6. 傍晚，你们在路上偶遇之后，他是什么样的状态？

A. 先是很专注地看着你，然后和你一起走一段路

B. 面容温和，不经意地轻触你的长发

C. 向你说声晚上好，然后把手放在你的腰间，并请你共进晚餐

D. 出其不意地在背后轻轻碰一下你的身体

7. 他在和你面对面交谈时，他的眼睛一开始总是注视什么地方？

A. 很出神地看着你的双眸说话

B. 很仔细地盯着你的五官，并在很小的范围内移动眼光

C. 低着头，注视地面

D. 以上三种都不是

答案解析：

如果你选择的答案中，A选项在4个以上，那么他可能是个性格内在、不善于表达自己内心情感的人，在他的身体语言中很难看出他内心真实的想法。如果他能够感觉到你对他的感情，那他就会很积极地向你表达心中的爱意，也许在交往中，你会感受到他在轻抚你的头发，在用双眼注视你，其实那是他在用很含蓄的方式向你表达感情，而这样的好男人，你一定要紧紧抓牢，不要让他从你的身边溜走。

如果你选择的答案中，B选项在4个以上，那么说明他是个坦率开朗的人，不会隐藏自己的感情。喜欢你的时候，他会热情洋溢地表达自己的爱情。同样，不喜欢你了，也就会逐渐地对你冷淡。

如果你选择的答案中，C选项在4个以上，说明他是个非常具有男子汉气概的人。他果断而富有勇气，一旦对你有好感，他会积极表现出自己的心意，对你表现出独占欲和征服欲。

如果你选择的答案中，D选项在4个以上，那么说明他是个颇有艺术修养、富有浪漫气质的人，对感情拥有敏锐的感知力，同时拥有如火般的热情。

其他情况：他是个性情多变的人，工作上或生活上的麻烦可能会转移他的注意力，让他忘记了对你的体贴。这时候，你应该对他表示理解，并努力去帮他排忧解难。

第五章
男人靠捧，女人靠哄——爱人之间的赞美术

几乎没有一个人不喜欢别人赞美自己，赢得别人的赞美是我们的内心需要，也是人生的动力。有了赞美，生活的趣味性就提高了；有了赞美，我们对生活就充满了希望。婚姻当中，更需要赞美。哪怕是生活中的一些小事情，赞美的语言和视而不见的效果都是不一样的。当你称赞你的丈夫或妻子的时候，他（她）也会对你的赞美充满着感激之情，如果经常赞美他（她），你们的婚后感情就会不断升温。

赞美是幸福婚姻最好的调料

在这个世界上，赞美永远都是受人欢迎的。不仅是自尊心强的男人需要赞美，敏感脆弱的女人也需要赞美。在男女之间产生爱情的阶段里，赞美的话是获得对方认可的必要手段。当走入婚姻的殿堂之后，随着日子逐渐趋于平淡，相互之间的爱慕逐渐降低，尽管两个人仍然十分倾心于对方，但是已经很少再大声赞美对方了。很多婚姻都因为缺少这种相互之间的欣赏而变得索然无味。相互批评是吞噬爱情的癌细胞，时间久了我们就会发现对待自己的伴侣反而还赶不上对待陌生人有礼貌。

婚姻在人的生命里占据着十分重要的位置，跟婚姻相比，生或许只是一个插曲，死也只是一件小事，夫妻之间共度的时间则长达几十年。婚姻的质量关系到夫妻之间几十年的生活质量，人可以没有辉煌的事业，但是都渴望幸福的爱情、美满的婚姻，这种渴望或许只要你说一句对对方衷心的赞美就能得到满足。特别是在公众场合，相互之间的赞赏更能体现夫妻之间的恩爱。

很多妻子在外面有一份自己的事业，回到家还要负责大部分烦琐的家务。当她为全家准备了一顿丰盛的晚餐时，做丈夫的只要向妻子表示一声感谢或是一句慰问，就能让妻子的劳累抛到九霄云外。当妻子在穿着打扮上花心思的时候，丈夫的一声夸赞能让妻子感觉到自己是天下最幸福的女人。如果丈夫对妻子衣柜里的衣服大加赞赏，由衷地称赞她的衣物漂亮而得体的时候，妻子或许会因为这句赞美打消购置新装的打算。

而丈夫在外辛苦劳累一天，回到家如果能见到对自己彬彬有礼、体贴入微的妻子，就会感到无比轻松，家也就成了对他最有吸引力的地方。妻子要感谢丈夫为家所作出的贡献，表达出自己对丈夫的满意和赞赏。如果妻子很泼辣，丈夫则可能会因此而跑掉。

朋友的邻居是一对年近半百的夫妻，每天早上都能看到他们在公园里跑步，一起吃早餐，之后各自上班。晚上妻子先回家，做好饭菜等待丈夫的归来。他们很少争吵，两个人在家也经常欢声笑语。朋友觉得很是好奇，于是便找了借口去邻居家打探究竟。那天妻子一如既往地先回到家，准备晚餐，丈夫稍晚一点才回来。朋友看到妻子温柔地为丈夫接下公文包，脱掉西装，递上一杯热水。恰好那天丈夫领了薪水，妻子接过丈夫递过来的厚厚的一沓钱，感激的表情立刻显现出来，嘴里还咕哝着：老公真好，工资又涨了，其实钱已经够花的了。

接着朋友在邻居家蹭一顿饭，饭桌上夫妻俩就像是刚刚恋爱的甜蜜爱人，他们边吃还边喝饮料，妻子敬丈夫庆贺他领了工资，丈夫也回敬妻子，感谢她为自己做的可口的饭菜。

就这样一个傍晚，朋友便弄清了他们生活美满的秘诀。看着他们都年近半百，确实是老夫老妻了，但彼此之间的相互欣赏仍然没有半点减退。日复一日、年复一年的枯燥生活并没有使他们争吵不休，更不用说劳燕分飞了。从此之后，朋友便在自己的丈夫身上做起了实验：她的丈夫觉得自己穿西装很难看，但是西装是男人上班必备的服装，所以每次她看到丈夫穿上西装，她都告诉他西装最适合他，还有他的嘴唇很性感。每次这样说的时候，丈夫都受到极大的鼓舞，上班的时候都显得精神焕发。即使丈夫给她买的礼物不适合她，她也会因为丈夫有这个行为而感激丈夫，并表现出无比喜欢的样子。这种赞美让他的丈夫觉得自己没有白付出，心里也美滋滋的。从那以后，以前朋友做的饭也由不好吃变得好吃了，长相一般的她也变得漂亮了，这一切都源自丈夫再次用欣赏的眼光看她了。

在婚姻中，当美好变成枯燥，当甜言蜜语变成唠叨抱怨时，赞美是一剂很好的调料。赞美对于婚姻就像是机油对于马达，能给婚姻不断注入新的活力。

日常多赞美，说话有妙招

幸福的生活需要花长时间去经营，当你们的感情稳定在一个阶段的时候，你的婚姻应该需要一些很巧妙的方法让感情升华。在很多巧妙方法中，赞美是永远充满活力的有效方法。

比方说，当你的爱人做完一件事情，效果不是太好的时候，你不应该去抱怨或者刺激他，而是应该笑着对他说："这件事你做得真不错，没想到你会做得这么好。如果在有些方面稍稍改进的话，我觉得效果将会比现在更好。"当你的爱人听到你这样的话，他可能也意识到自己在做这件事的时候有些问题，但经过你这么一说，他肯定会很快改进方法，让这件事情达到更好的效果。倘若你说："怎么这样啊，太差劲了，还不如那样做好呢！"当他听到你这样的话，可能就不会坚持再继续做下去了。因为你给了他致命的一击，他哪里还有信心和勇气继续做这件事情。

赞美是语言表达的重要形式，语言就应该讲究技，赞美的语言有很多的技巧。

1. 赞美的时间

在赞美的时候应该注意时间先行后续的关系。通常我们见到的有事前赞美和事后赞美，还有做事过程中的鼓励也是一种赞美。应该把握恰当的时机，

在每一个阶段进行不同的赞美。

在做事之前，应该有计划地帮他分析问题。例如，当你的丈夫在准备股票投资的时候，如果你也觉得股票投资是合理的，你就应该说："炒股虽然有些风险，但可以赚钱，还能锻炼人的灵敏性，老公我支持你。"这时候，你的丈夫就会根据他的投资经验慎重选择到底应该买哪一种股票。事先的赞美既是一种鼓励，又是一种提醒，如果你把握好，就会有双重的功效。

做事的过程中你更应该支持他，因为他已经选择了要做这件事，如果你是反对的，你的反对只会挫败他的信心。在做事过程中，你就应该经常说："老公，你做得对，我支持你！"

事后的赞美应该根据事后的结果分别对待，如果事后的结果很好，你就应该说："老公，你真棒，我就知道你能达到这么高的水准。"这时的锦上添花是必要的，因为当他成功后，他的内心是孤独的，他更需要你和他一起分享成功的喜悦。如果事后结果不佳，你就应该继续鼓励他说："老公，你做得已经很好了，你知道这个有多难吗？你看看那么多人都不敢做，我相信下次你一定能做得更好。"当事情的结果不佳的时候，他可能是沮丧的，可是当他知道身后的你在支持他的时候，他心里是高兴的、温暖的。

2. 赞美的场合

赞美不仅要把握时间，还要分清场合。赞美要符合相应的场合，不分场合的赞美是达不到预期目的的。比如，当你的丈夫把一件事情干得很糟的时候，你反而对他说："老公你干得真棒！"这个时候他看你比看仇人还要生气，因为你那样已经不是在赞美他，而是在讽刺他，他会觉得你就是在找机会给他难看。还有，如对方父母去世了，你偏偏说："你哭得可真好，把我都感动了。"你这样对他说话，他肯定不会再理你。这样的时候，赞美的语言应该是同情的、感同身受的，看似是一种同情，其实是一种赞美。

当他正在为失去家人而感到悲痛万分时，你应该说："别伤心了，人死不能复生，我们应该向前看，你看你已经很孝顺了，咱爸（妈）在九泉之下一定为有你这样的儿子（女儿）感到高兴。"

赞美是一种能够唤起彼此共鸣的语言，温柔的、充满感情的话一定能够让你的丈夫或妻子更深地了解你、爱你。赞美就像是一首传唱的歌谣，彼此不仅为优美的歌曲感动，同时，还都在体会着对方内心的情感。赞美同样是一门艺术，它能够让我们绘声绘色地描绘我们的幸福生活。

第二辑 爱的发声练习

好丈夫要夸：妻子怎样称赞丈夫

一定程度上，婚姻幸福是衡量婚姻质量的标准。婚后的感情生活显然不会像初恋时那么浪漫，很多时候需要夫妻双方默默地付出，达到一种无言的共鸣，这也是婚姻生活中我们经常见到的情况。当然，婚姻的感情基础也来源于夫妻双方相互的倾慕和欣赏。渴望异性的注意和博得其对自己的好感，这是婚姻建立在男女两性基础上的大前提。构建幸福婚姻的小前提就是幸福生活中的技巧。例如，男人讨得女人的赞扬，女人讨得男人的欢心；男人用成功的事业来展示自己的实力和魅力，女人用自己的温柔和漂亮来吸引男人，紧紧地抓住男人的心。这是男女两性相互之间的肯定，也是夫妻双方相依的基础。

很多时候，男人需要你用赞赏的眼光去鼓励他。你优美的语言，温柔的肢体动作，都能激起男人的奋斗精神和责任感。很多不太幸福的婚姻，是由彼此的抵触和漠视，甚至是鄙视造成的。时间长了，夫妻之间就会成为生活在同一个屋檐下的陌生人。

好男人，是女人夸出来的！

在朋友们眼里，丽萨是个非常幸福的女人。她的丈夫不仅长得帅，有本事，又很会体贴人。于是，好友们时不时地向丽萨讨教"驯夫真经"。丽萨总是回答:"很简单,你只要有事儿没事儿就夸他几句,一定管用!"

丽萨的丈夫平时工作很忙,但是家里的琐碎家务他偶尔也会分担一些。丽萨一一领情,一见到丈夫做家务,就会立即给丈夫捶腰,还不忘夸赞道:"亲爱的,你真是太好了,你真能干!"丽萨的丈夫越被妻子夸,干家务的热情就越高。这不,他看见家里的马桶坏了,没叫修理工人,而是自己研究了好半天给修好了。丽萨抱着丈夫大声称赞:"想不到我还嫁了个全能型选手啊,天底下就你这么一个聪明好男人,就我幸运把你给逮着了!"丈夫一听这话,高兴得心花怒放。

时间久了,丽萨的丈夫越来越能干,也越来越依恋丽萨。平日里一下了班,他就第一时间赶回家,帮着丽萨做这做那。即便有应酬,他也是能推掉就推掉,把更多时间留给与妻子营造的温馨小窝。

通过以上的事例,我们可以体会到肯定和赞美丈夫对维持婚姻关系是相当重要的。如果你每天试着赞美你的丈夫,哪怕只说一句赞美的话,爱情迸发的力量将会使你大吃一惊。

例如,你下班回家,他给你倒了一杯水,你可以微笑着对他说:"你真体贴。"他今天和你一起做家庭大扫除,累得满头大汗,你不妨说:"亲爱的,你真能干!"家里的灯泡坏了,他自己修好了,你可以对他说:"你真是太聪明了,我很佩服。"

试想一下,有哪个男人能承受得起这番"恭维"呢?有这样的妻子整天哄着、夸着、爱着,又能有哪个男人铁石心肠,忍心伤害呢?相信他一定会做事越来越好,变得越来越完美。

人们在接受表扬时,往往会有意识地朝那个方向努力,做事表现出更大的激情,激发更多的能量,让自己更加贴近表扬者所推崇的那个角色。所以,你想让他成为什么样的人，可以先告诉他，他就是那样的人。

夸奖男人，不仅是拉近距离、加深爱意的有效武器，而且可以借此对男人提出批评和忠告，这是非常有利于解决婚姻中的各种问题的。既然如此，我们为什么不去掌握夸奖技巧呢？

当丈夫做了错事，如果你直接说"你错了""你犯了一个严重的错误"之类的话，一定会让他感觉心里不舒服，这时，你不妨夸夸他："你那个方法真是不错，只是因为不太适合当时的状况，所以……""你比上次有了进步。""虽然整件事情都无法挽回了，但是其中的一个细节让我记忆深刻，你做得很好。"这些说法，一定比直接指责和批评来得更有效。

真爱不累，幸福不贵

辉是一个举止得体的绅士，又很有工作能力，不过辉一开始不算是特别优秀，他性格腼腆羞涩，而且对自己的工作能力很没有信心，他的改变在于遇到了一个很会夸赞丈夫的妻子——静。

辉腼腆羞涩，尤其是不敢和人说话，婚后第一次去静家时，他表现得很拘谨。和家人告别后，辉紧张地问道："静，这次我在你家是不是表现得太不自在了？你知道我有多紧张吗？手心里老是出汗。唉，我天生就是这样的……"

静亲昵地挽着辉的手，微笑着说："不！你的表现很好。你虽然看上去腼腆，但是你待人接物得体大方，一点都没有独生子的狂妄，简直就是一个绅士。说实话，我都有点崇拜你了呢！"

看着静眼睛里的仰慕之情，辉悬着的一颗心放了下来。后来他再去静家时，就有意识地放松心态，表现得更加有礼有节。静说他是一个绅士，他也正努力让自己变成一个真正的绅士！

辉本来在一家广告公司做市场调研工作，后来被调到了企划部，每周要写一个3000字左右的文案。这可难倒了辉，回家后他总是垂头丧气，满面愁容。了解到丈夫烦恼的缘由后，静鼓励辉写一篇文案："反正只给我看，你不用怕写不好。"

在静的鼓励下，辉勉强写了一篇文案。静看完后，很惊讶地说道："哇，老公，你写得很好，你文字非常通顺，词汇很丰富，还加入了很多时尚元素。你要是能把思路再理清楚一点，那就没有任何问题了。"

有了静的鼓励，辉对写文案的畏惧感很快就消失了，信心立刻大增。为了写出更好的文案，他利用几个周末的时间，研读了几大本关于写文案的书籍，不到一个月就能驾轻就熟地写出不错的文案了。

如果你的丈夫英俊洒脱，那你就可以夸赞他玉树临风，总是给人很安全的感觉；如果你丈夫个子并不高，那你就可以说浓缩的都是精华，个子矮的人精力更加旺盛，很多成功人士往往都是个子矮的人；事情做得不够好，你就夸赞他已经做好的那一部分；完全失败了，你就告诉他，积累了一次重要的人生经验……如此一来，你便能收获一位越来越完美的男人。

当然，夸奖可以适当地夸大，但是一定不可以盲目，不可以严重脱离现实。你若无根无据、虚情假意地夸奖男人，效果就适得其反了。比如，如果他自知自己的球技臭得不能再臭，你却违心地夸他球技好，那他会认为你不是在夸奖他，而是在嘲笑他。

能引起对方好感的只能是那些基于事实、发自内心的夸奖。夸奖男人，就要夸他的最得意之处，假如你身边的男人有一技之长，并以此为荣，那么你最聪明的战术就是抓住这一点捧他。

女人需要赞美：丈夫这样赞美妻子

在生活中，丈夫如果能对妻子经常赞美，说明他本身的心情是释然和坦荡的，并且乐于包容妻子的一切。这种状态下的丈夫不容易因为生活的琐事与妻子发生争执，也有利于双方的沟通。

一个因女人容貌而爱她的男人，会因女人容貌的衰老而厌恶她，这就是为什么不少丈夫在妻子年老色衰后去寻找漂亮女人的主要原因。在一些世俗男人的眼里，似乎只有漂亮的女人才配称赞，才配拥有浪漫的爱情，其实这种认识是非常有害的。容貌漂亮的女人不过只占女性的10%，可有以上观念的男人，一旦找不到漂亮女人便自认倒霉，只好和一个"丑女人"将就着过。正是由于这种心态导致婚姻不和谐。

道伯森认为：婚姻成功的第一要素，是对你的配偶充分地尊重，相互协商而并不是相互命令，这是最基本的准则；第二要素就是相互肯定与赞美。

每个人的自我价值不仅需要自我肯定，同时也需要他人的肯定。配偶是一个相处时间最长、最亲密、最爱以及最依赖自己的人，来自配偶的肯定与赞美会让人的自我价值获得更加充分的肯定，从而使人对生活和工作的信心更加增强。与之相反，假若互相指责多于肯定与赞美，夫妻之间的感情生活一定会遭遇麻烦，轻则互相贬斥、争执，重则引起一方或双方的婚外恋直至离婚。调查显示，一个经常受到配偶充分肯定与赞美的人，也会对来自他人的赞美报以谢意；与之相反，一个人如果无法获得来自配偶的赞美，那么别人的赞美对他或她就具有相当大的诱惑，其中女性表现得最为突出。

丈夫对妻子外表的赞美，要把握一个切合实际的尺度。那么，赞美妻子可以从哪些方面开始呢？

（1）你可以赞美她青春依旧

女人一般都很在乎自己的长相和美貌，如果丈夫能从妻子的相貌上加以赞美，妻子会更自信。俗话说，"情人眼里出西施"。如果从别的男人口里发出赞美，你的妻子可能会觉得是有所求，或者不真实。但是，如果是从你的口里说出来的赞美之词，哪怕是再肉麻，妻子听了也会觉得很高兴。因为在她听来，那些都是情话，不是假话。

（2）你可以赞美她的能力

很多妻子既要兼顾自己的工作，又要照顾家庭。除了丈夫和孩子，妻子还有一大堆的家务活要处理。如果你是一个贴心的丈夫，可以在帮助分担家务的同时，赞美妻子的持家能力。

（3）你可以赞美妻子的进步

妻子和你谈恋爱时，她的一切缺点都是优点，所以你也融进蜜糖里，很少挑剔。但是婚后，你可能发现她有很多地方不尽如人意，或者不够温柔体贴，或者不够知书达理。这些缺点，都可以通过赞美她的进步来改善。当妻子的饭菜做得不够好的时候，你要赞美她的辛劳，因为在她看来，她已经很努力了。你要不断地鼓励她、赞美她，直到她的厨艺水平越来越高，到你满意为止。

值得丈夫注意的是，不论什么时候，都不要指责你妻子的不当之处，也不要拿她和你身边的其他女人比较。你对她的挑剔只会换来她更多的不满，而且可能直接导致感情的裂痕。

赞美的同时要学会批评的艺术

很多人走进了婚姻的殿堂，却不知道如何面对婚姻和新的复杂烦琐的生活。特别是女人，总是觉得婚后丈夫对自己不好了、冷淡了，自己想的问题也变多了，疑心也重了，最后导致和丈夫之间无休止地争吵，甚至发展到离婚的地步。其实人与人之间的兴趣都始于好奇，而好奇是有限度的，当好奇心得到满足之后夫妻之间就走向了冷淡。

很多时候对方的表现都无法达到自己预期的效果，于是矛盾出现了，在争吵过程中口不择言，一时重伤了对方，最终大战全面爆发。其实很多时候即使对方的表现不如意，只要稍用心思，就可以避免彼此之间的矛盾。但是如果一方犯错，批评和指责也是避免不了的。如何让对方接受自己的观点又保证对方的尊严不受伤害，是很多夫妻困惑的问题。其实很简单，只需要改变一下批评方式即可。

俗话说，"良言一句三冬暖，恶语伤人六月寒"，夫妻之间也是如此，任何一方都需要鼓励和赞扬，如果你想用批评责备来改善彼此的关系，有时候会起到相反的作用。赞扬和鼓励也只在某一个时间段内管用，时间长了就像人体对药的反应一样有抵抗性。对于一方的错误和缺点有必要进行批评，否则就难以改正。心理学家为此发现了5∶1的批评法，即赞扬五句批评一句，这样既能保持夫妻关系活跃健康，也容易让对方接受自己的意见。或者在批评对方之前，先检讨自己，谈论自己的错误，以此减少对方的敌意和防御倾向，使他能心平气和地接受批评。有时候对方很固执，劝说的过程中可以先找到双方的共同点，从侧面以比较温和的态度将自己的意见提出来，或是给自己的批评赋予高尚的动机，让对方感觉到你的批评之中带有对他浓浓的爱意。对于有大男子主义或是女权主义的人来说，撒娇、以柔克刚也是一种明智之举。

明芳和周浩结婚一年多了，日子过得还算滋润，周浩对她是呵护有加，除了吃饭和穿衣自己动手外，一切家务都是周浩代劳。但美中不足的是，周浩有严重的大男子主义倾向，什么事情都要听从他的安排，一切以他的思维方式为主，这让明芳感到很不舒服。倒不是因为自己处在被动地位，而是有时候男人的思维方式不符合女人。有一次朋友之间聚会，周浩一定要让明芳穿得暖和一点，因为晚上很凉。明芳以有空调为由拒绝周浩为她选好的衣服，但拗不过周浩，她还是勉强穿上了周浩让她穿的衣服。到了聚会的地方，明芳发现朋友们都穿得很单薄、很休闲，只有她一个人穿着针织衫和牛仔裤，这让她觉得无地自容。

回到家里，明芳很生气，但她又不知道怎么和周浩沟通，想发脾气又不忍心，憋着又觉得实在是丢了面子。为杜绝后患，她最后选择了一招"以柔克刚"，先是对周浩在聚会上的表现赞美了一番，并且给了他一个深情的吻。接着就嘟哝："都是你，害得今天晚上我出了那么大的丑，恨不得找个地缝钻进去了，以后可不可以让我自己选择穿什么衣服？"周浩见娇妻向自己妥协了，也就勉强答应了。虽然之后周浩仍然不改大男子主义的作风，但明芳的建议偶尔还是会产生一些效果。

试想，如果明芳回到家又哭又闹，劈头盖脸地数落周浩，周浩也会因为她的批评而感到恼火，毕竟他是在为明芳着想，而不是故意让她出丑的。不得不说明芳是聪明的，选择了一种非常有效的对付大男子主义的方法。生活中也不乏像周浩这样的男人，固执、过于有主见、不善于与人妥协，使用硬方法往往达不到目的。所以女人在想让他们承认自己的错误并改正时，不妨撒撒娇、耍耍赖。

沟通是一门艺术，批评更是一门艺术，如果使用方法不当必将会导致彼此之间一场无休止的口舌之战。如果想要对方接受自己的观点又不让他觉得丢面子，最好的办法就是重塑语言，巧妙地批评对方。有时候夫妻双方确实在为对方考虑，但是出于各种原因达不到对方想要的效果，这是彼此都不愿看到的结果。所以在批评对方之前，一定要看到对方为自己所做出的努力，不能因为对方的过错而忽略了他的真心。或是在批评之前先赞美对方，或是先批评自己再批评对方，或是同时批评自己和对方，或是在甜言蜜语中带着几分嗔怪，都比直接劈头盖脸地指责要好。

批评之前,先说点夸奖的话

每个人都有自己的生活习惯,但在日常生活当中,必定也有某些不良的习惯,可能影响别人的生活,然而当事人却往往不自知。这种情形,相信在家庭中常可见到。有时丈夫有某些特别的恶癖,或是妻子有某些坏习惯,常使对方无法忍受。如果你经常批评、责备你的配偶,很容易破坏你们之间的关系。但一味地赞扬和鼓励,也是不利于夫妻关系的。对于一方的"错误和缺点",还是要进行批评的,否则就难以改正。

但是如果直接地指责对方,不但不能达到纠正错误的结果,很可能还会因此破坏夫妻间的情感,造成不可收拾的家庭风波。

下面我们来看一个小故事。

阮先生在手工方面十分拿手,只要有时间,他便会自己动手做些家具,所以在他的家中,大部分家具皆是他的杰作。

但他也有个缺点,就是不能把工具物归原处,常常随处乱放,等到要用时却又找不到,因而常对妻子发脾气。

妻子对他这个毛病深感困扰,琢磨该如何改变阮先生的这个缺点。

有一天,阮先生正在钉制一个橱柜,妻子灵机一动,对他说:"你的一双手真是灵巧，对这个家贡献了很多心力和智慧。但是，如果你能养成物归原处的好习惯，那么就能十全十美了。"

经过妻子的提醒，后来阮先生真的把坏习惯改正了，不但不再随手乱放东西，也不再拿妻子做出气筒。

可见，妻子的一番话影响了他。我们可以发现，妻子在劝谏丈夫时，正是使用"糖果加皮鞭"的方法，在话中有褒有贬，这比直接批评丈夫要更容易被他接受。妻子的寓贬于褒，使做丈夫的为了能够变得更好，自动地改正自己的错误。

正如英国历史上著名评论家约瑟·亚迪森说的："真正懂得批评的人，着重的是'正'，而不是'误'。"所谓"正"，就是从"正面"来加以鼓励。就是说，把批评融入对对方的肯定和鼓励中，使对方不自觉地改正自己的错误和缺点，向良好的方向趋近。

批评是为了让一个人在某一方面加以改进，而在批评前适当地送一点赞美给对方，可以让你后面的批评起到事半功倍的效果。因为亲切、褒扬的话语能够制造友好的气氛，可以让对方安心，知道自己不是在遭受打击。如果一个人觉得自己在受批评，通常会产生一种自然的条件反射，以保护自己。一旦对方心中产生这种防卫心理，就很难再听进外界的意见了。而赞美恰恰能够渗透到对方的内心深处，所以当赞美后再批评时，对方一定能理解并接受。

幸福指导　你会赞美自己的妻子吗

你在家中经常赞美自己的妻子吗？完成下面的测试，看看自己是不是经常夸奖自己的妻子。

在下面的这些话中，你在生活中对自己的妻子是否说过。在符合情况的方格中打"√"。

1. 一山不容二虎，一心不容二女，我的心已经被你占据。

　　有☐　　　没有☐　　　　类似☐

2. 千言万语也说不尽你的好。

　　有☐　　　没有☐　　　　类似☐

3. 千秋无绝色，悦目是佳人。倾国倾城貌，惊为天下人！

　　有☐　　　没有☐　　　　类似☐

4. 要想生活有进步，妻子的叮咛要记住。要想事业有成功，妻子要吹枕边风。你的辛苦是我的动力，是我幸福的保证。老婆大人，祝你天天快乐！

　　有☐　　　没有☐　　　　类似☐

5. 老婆，我要做你的灰太狼。

　　有☐　　　没有☐　　　　类似☐

6. 你比维纳斯还要美丽，你比林黛玉还有诗意，你比米卢大叔还要神奇。在我的心目里，你就是玉皇大帝。

　　有☐　　　没有☐　　　　类似☐

7. 能在十三亿人口中遇到可爱、漂亮的你，是我的荣幸！

　　有☐　　　没有☐　　　　类似☐

8. 你是沙儿，我是风，缠缠绵绵过一生。

　　有☐　　　没有☐　　　　类似☐

9. 没有了你叫我一个人怎么生活下去啊！

　　有☐　　　没有☐　　　　类似☐

10. 你是我心中的女神，你的笑容让我很陶醉。

　　有□　　　没有□　　　类似□

11. 老婆，我爱你！

　　有□　　　没有□　　　类似□

12. 你那瓜子脸，那么白净；弯弯的一双眉毛，那么修长；水汪汪的一对眼睛，那么明亮！

　　有□　　　没有□　　　类似□

13 你不化妆时更漂亮。

　　有□　　　没有□　　　类似□

测试答案：

如果回答"有"或者"类似"的一半以上，说明你是个很会讨好妻子的人。

第三辑
挽救不幸婚姻

第六章
"会吵架"的婚姻更幸福

世界上没有性格完全相同的夫妻。由于兴趣、爱好、追求和性格的差异,两口子之间的争吵往往不可避免。夫妻在家庭生活中不论怎样进行心理调节,也难免会有矛盾,如果对矛盾处理得不好,矛盾就会激化,表现为争吵、分居,甚至离婚。

"争争吵吵,相伴到老",这是许多婚姻生活的真实写照。在夫妻关系的处理上应该意识到,争吵归争吵,该和好时就和好,不能让争吵伤害了与爱人之间的感情。

幸福婚姻三阶段

两个人从陌生人到白头偕老要共同经历三个阶段：互相吸引，互相认可，互相协助。

互相吸引：从陌生人到男女朋友，两个人需要经历互相吸引阶段。互相吸引是我们的身上一个或者多个点受到了对方的关注和好感，比如说，相貌、身材、声音、礼貌、气质、正直的人品、良好的修养、宽广的见识、幽默的谈吐、成功的事业，等等。吸引需要是双方相互的，否则只会是一方的单恋。当双方身上都有一些点吸引了对方，并释放了这种好感让对方知道，两个人的关系就开始逐渐由友情转向了暧昧。吸引的点要足够多、足够强，在暧昧期，把更多的优点进一步地展示给对方，一切顺利的话，美好的恋爱关系就会开始了。反之，如果我们自身的吸引点不够优秀、不够多，比如说最初只是由于相貌吸引了对方，但是接下来在对方的关注中，暴露了自己的修养、学识都不能让对方满意，则会慢慢地由暧昧关系转回朋友关系，甚至"友尽"。所以我们在人生中始终需要学习和坚持进步，才能时时刻刻把自己最好的一面展示出来。

互相认可：这是一个创立共同价值观的过程。在我们每一个人的人生中，都会有不同的成长环境，不同的父母、不同的老师、不同的朋友、不同的职业、不同的地域文化和习俗，所以不会有两个思想上相同的人。无论大事小事，我们都有可能存在与别人不同的认知，这些认知汇总成为我们的价值观。而当别人的价值观与我们的不符时，我们又试图去让对方接受自己的价值观的时候，就有可能发生争执，甚至是冲突。最常见的表现形式就是吵架。其实价值观的冲突分为两种，一种是非关键性问题的价值观，另一种是关键性问题的价值观。

非关键性问题是指可以协调解决的问题，存在于我们生活中的各种细节中，比如说，吃饭咸点还是淡点、早睡还是晚睡，等等。我们每天都会在无数非关键性问题的价值观上产生冲突，这就是我们在恋爱的过程中需要逐一解决的。解决价值观冲突并不难，要不就是一方接受另一方的价值观，要不就是双方互相保留自己的价值观同时尊重对方的价值观。最重要的是，要有能力去和伴侣良好地沟通这个价值观的差异，能够准确地表述自己的看法，也能够认真聆听并尊重对方的看法。当一个个价值观冲突被解决后，双方的争吵和分歧就会越来越少。一旦双方有足够的能力，在遇到价值观冲突时可以进行良好的沟通和解决时，就可以准备结婚了。

关键性问题的价值观是指在一个问题上绝对不容商量，比如说，是否要孩子、今后会在哪个城市生活等。如果双方在某个关键性问题上持有不同的价值观并且无法协调，则需要重新考虑两人是否适合继续在一起。

互相协助：简单来说是一种生活角色的分配，当开始同居或者婚姻生活后，我们在生活角色上要和伴侣有一个互相协助的分配。大到谁主外、谁主内，小到谁做饭、谁洗碗，分配好我们生活中的每一件大事小事。双方在互相协助中度过每一天。否则都各自忙于自己的事业而没有人照顾老人与孩子，或者吃完晚饭都把脏碗往水池里一扔，谁也不愿意洗，迟早会产生分歧，难以让婚姻维持下去。这就是在上面所说的从认知层面共识的基础，上升到实际做事情上的共识。一个良好的角色分配，会让日子在幸福有序的状态中一天一天地度过。

让吵架成为生活的小插曲

俗话说"两口子不记仇,叮叮当当到白头。"两个人长期生活在一起,难免会有磕磕碰碰,夫妻吵架是很正常的。有时夫妻吵架是好事,爱情就是在一轮轮吵了又和、和了又吵的循环中升级的。清官难断家务事,夫妻吵架无输赢之分,谁是谁非不可能明明白白。退一步就会海阔天空,忍一时就会风平浪静。

夫妻吵架也是一门艺术,懂得了吵架的艺术,夫妻间就会虽吵犹亲,爱情的纽带也将会越来越紧。那么,怎样让吵架成为一门生活艺术,成为生活中的一段小插曲呢?

1. 允许对方偶尔生气

一般彼此相互爱慕的一对夫妻也难免会有烦恼和生气的事情发生,那么当这些事情来临时,一方就应当给对方以更多的理解和宽容,因为这并不意味着夫妻之间"没有感情"了。也许一方是因为工作的事情而情绪低落,没有向你展露笑脸,即使这暂时的不快不是你的过错,你也应该问:"亲爱的,我做了什么事惹你生气了吗?"如果回答是否定的,你就再问:"那么,我能为你分忧吗?"如果对方不需要,你就不必打扰,但你一定要给予对方适当的安慰。

2. 以冷对热

冷，就是冷处理，热，就是头脑发热。也就是当对方头脑发热时，你需要用冷来给他降温，千万不可火上浇油。在一方情绪激动、控制不住自己的时候，任他发火，任他暴跳如雷，不去理睬他。俗话说，一个巴掌拍不响。一个人吵，就吵不起来，等他情绪平和以后，再与他慢慢说理。

3. 说话要有分寸

如果对方实在不像话，有必要和他理论几句，于是难免要发生争吵。即使是争吵，也要把握住说话的分寸，不能说绝情话，不能嘲笑对方的某些缺陷或揭痛对方的"伤疤"，更不能在一时气愤之下破口大骂，不计后果。很多话一旦说出去，很容易引发更大的冲突。如果说了绝情话，夫妻关系就会产生阴影。

4. 就事论事

如果为了某件事情争吵，就应该就事论事，不要波及其他人，也不要翻陈年旧账，更不要随便给对方扣什么"自私""卑鄙无耻"等帽子，否则就会把事情越搞越糟，让双方都下不了台。另外，对事情也切忌扩大化，如果从这件事又提及以前的事，从对丈夫的不满又牵扯到他的父母兄弟姐妹身上去，那么就会把事情搞得越来越复杂，从而使事态扩大，一发而不可收拾。

5. 绝不动手

夫妻二人在争吵时，由于情绪过于激动而大打出手的现象并不少见，这种情况的责任多在于男方，而这种方式对夫妻双方的关系危害最大，且有家庭暴力的嫌疑。

无论争吵时情绪多么激动，切记一不能摔东西，二不能动手打人。有的夫妻在争吵时，为表示愤怒，常常把锅碗瓢盆摔得稀里哗啦，这是很愚蠢的行为。为泄一时怒气，砸坏物品，摔坏了以后还要花钱去买，何必呢？打人的行为，绝对解决不了任何问题，而且还有可能使双方的婚姻关系解体。

6．不可离家出走

夫妻双方在激烈争吵后，千万不要一走了之。一位女士说得好："我告诉他，我被气疯了，但我什么地方也不会去。因为夫妻吵架并不意味着婚姻将会破裂，我还是你的妻子，你还是我的丈夫，这家是我们共同的家，我为什么要离开呢？"

当然，实在被对方气得没办法时，你可以回娘家住几天，让他在家好好反省反省。过不了两天他就会意识到自己的错误，后悔莫及。当然，这个时候你也一定要做出宽容的姿态，适可而止，给对方一个台阶下。

7．24小时内结束战斗

不少夫妻在争吵过程中总有一种心理，就是都要试图证明自己有理，而对方有错，借此使对方屈服，结果谁也不服谁，反而越说越有气。其实，夫妻之间的争吵，一般没什么原则性的问题，很多事情根本就没有什么对与错之分。如果争吵到了一定时候或者一定程度，仍然没有解决问题，那么双方就有必要休战。这不是向对方屈服或者投降，而是冷静、找回理智。比如，可以干脆严肃地说："我们暂停吧！这么吵也解决不了问题，大家冷静下来想一想，以后再说。"之后，任凭对方再说什么，也不要再搭腔。这样可以避免矛盾升级，等双方冷静下来时，或许有更好的办法解决问题。

夫妻吵架"七不说"

婚姻中，两人难免会产生分歧，因此，"战争"也是不可避免的。但战争的走向如何，是矛盾升级、步步险恶，还是春风化雨、言归于好，主要取决于双方的言语。有时，恰到好处的一句话，不仅能平息争论、掌握主动，还能让你们的婚姻在磨合过程中更加亲密、快乐和融洽。

其实，平息夫妻间的一场战争并不需要你像伟大的军事家那样，在语言上反复锤炼，一出口就能让对方佩服得五体投地，只要你调节好自己的情绪，不要带着抱怨和怒气同对方说话，就能使你们紧绷的关系趋于缓和，从而在每一次争吵中化干戈为玉帛。

我们都一定会有对对方不满的时候，如果你能换个方式把自己的不满传达给对方，并督促对方改正，而不是气愤地指责，就不会引起对方的不满，从而避免两人的冲突。

1. 不说"你怎么总是不听我说"

美国西雅图华盛顿大学的社会学教授佩伯·施沃兹指出："使用'总是''从不'这样的字眼，你的配偶就不可能和你进行正常的交谈。"因为你这种责备的语言不仅伤害了对方的感情，还夸大了自己的怨气，更加让对方无法接受。

如果将话语说成"这对我很重要，希望你能认真听听"，则会令你有机会说出原本会被对方拒绝听的话，而且可以提出解决问题的建议。当你真的说出这句话的时候，相信你的心情已经开始平静了。如果你想让对方与你说话，而且能够更多地和你交流，你就需要做到心平气和。因为没有人相信，你怒气冲冲时说出的话是发自真心的。因此，在婚姻中两人都应该学会控制情绪。

2. 不说"我就知道你会那样说"

当你用十分不耐烦且责备的语气说"我就知道你会那样说"时，无异于是在骂他"笨蛋、愚蠢"。美国西雅图葛特曼研究院的创建人约翰·葛特曼认为："轻蔑会加快婚姻的崩溃。离婚最明显的征兆之一往往是无论对方说什么，你都不屑一顾。"

因此，除非你真的不爱他了，不想继续你们的生活了，否则不要说这种蔑视对方的语言，因为它的攻击力往往比直接咒骂对方更加厉害。

3. 不说"我就是想离开你"

很多夫妻吵架后，一方会负气地说："我简直一分钟都没法跟你待在一起了。"或说："没错，我就是想离开你。"这种话听上去有一些威胁的味道，它可能令对方产生一时的震惊之感，但这往往是很危险的。你的配偶可能会说"再见"，然后真的转头离开；或者讽刺你的言行不过是做做样子，然后对你的愤怒和伤心更加若无其事。而这两种结果都不是你想要的。

因此，在寻求沟通机会的时候，千万不要盲目去说话，不要让你的话真的"覆水难收"。

4. 不说"你怎么能那样对我"

半夜里，一对夫妻争吵起来，丈夫生气地摔门出去，这令妻子更加伤心。第二天，丈夫回家后，妻子用担心的语气说："你为什么那么晚还离开家呢？

这让我很担心,而且很伤心。没有什么事情比你的安危更令我抓狂的了。"

这话一出口,丈夫也觉得自己昨晚摔门而出的做法真的不对,两人彼此道歉后,平心静气地谈了出现分歧的问题,很快便打破僵局,重归于好。

相互指责并不能很好地解决问题,而且还会令夫妻双方受到更大的伤害。因此,即使对方的做法不对,也不要轻易说出指责对方的话,你可以清楚地表达自己的感受"这让我很伤心""我非常担心你"。当你说出自己的感受时,对方会开始深刻检讨自己,并对你的感受做出积极的响应。

5. 不说"能有什么让你感觉不对的"

回避问题只会让事情更加糟糕。打个不太恰当的比喻,一个开始化脓的伤口,如果立刻进行医治,可能不出半月便能完全复原;如果任其恶化下去,不仅这个伤口无法痊愈,还可能危及全身。因此,不要掩盖或回避事情,要勇于承认你们之间出现的分歧。这样会使双方都进行一番积极的思考,并为和平讨论这件事做好准备。

6. 不说"你简直令我发疯"

美国明尼苏达州圣保罗大学家庭社会学教授奥尔森认为,笼统地否定一切只会让婚姻关系越发紧张,而"解释清楚你生气的原因"极为重要。你得明确地表示出,是什么影响了你的情绪。如果丈夫整天玩电脑游戏,却忘了帮你打扫卧室,你应该告诉他:"你整天沉浸在电脑游戏中,而不帮我分担家务,这让我很累。"你只需要对他说明他的行为给你的感受,但不要列出一大堆的抱怨和委屈。每次只讨论当下的问题,千万不要动不动就翻旧账,而且不要把不满情绪积压起来,越早说出来越好。

7. 不说"你总是这样袒护孩子,会使他变坏的"

对孩子的管教问题是很多夫妻产生战争的导火索。在教育孩子方面频繁出现意见不一致,不仅不能好好教导孩子,还会使得家庭分裂。很多实际例子表明:孩子若长期生活在吵吵闹闹的家庭中,对成长极为不利。所以,在处理关于孩子的问题时,一定要避开孩子,不要让自己的委屈和抱怨影响到孩子的健康成长。如果父母双方发现在孩子的教育问题上两人存在着本质不同的意见,那么不妨咨询一下教育专家,而不要轻易否定对方。因为身为父母,你们都是爱孩子的,都希望他能快乐、健康地成长,只要教育方向是一致的,那么具体的教育方法就都是可以相互协商的。

总之,将婚姻中的语言艺术化,让你的话语既能表达自己的感受,又让对方接受,这是婚姻中的男女必修的一门课。

第三辑 挽救不幸婚姻

吵架要选对时间和地点

对于经常吵架的夫妻来说，在大街上吵架、在孩子睡觉时吵架、在对方的朋友面前吵架，这些都可以归入不合时宜的吵架范畴。有时，夫妻两个人在大街上等公共场合吵架，他们通常争执得面红耳赤，已经忘却了自己身在何处，似乎已达佛祖所说的"忘我"境界。他们一吵就要一两个小时，甚至大半天。探其究竟，往往发现原因竟是一些鸡毛蒜皮的小事。

夜深人静，你和你的爱人为了洗不洗澡的问题吵起来，喊声、叫骂声在寂静的午夜传播，不但被邻居视为噪声制造者，还会给别人留下不良的印象，这同时也是一种不分场合、不合时宜的吵架。

所以，吵架不但要选对时间，还要选对地点，试想一下这种情况：春节来临，一家人好不容易坐到一起吃一个团圆饭，你和你的爱人因为怎么吃鱼一事大吵大闹，不但破坏了温馨的节日气氛，还会让亲人寒心。

夫妻生活是一种隐秘的行为，就连吵架也同样是二人世界中的秘密。有社会学家研究后发现，经常在不合时宜的时间和地点吵架的夫妻离婚率很高，究其原因，因为这种不分场合的行为直接破坏了家庭这个小集体的秩序。假如你爱人的父母来访，而此时你和你爱人大吵大闹，这不但伤害了你爱人的自尊，还破坏了家庭这个小集体的秩序，其结果只能是一片狼藉。

这个世界上的每种事物都在寻求一种平衡，人与人的关系亦是如此，夫妻关系更是人与人关系的典型代表。夫妻吵架也是夫妻关系中的一种平衡，但切莫不合时宜地吵架，因为它会打破这种新建立起来的平衡，让你和幸福生活失之交臂。

第三辑

挽救不幸婚姻

解决夫妻矛盾的"幽默良药"

因为鸡毛蒜皮的事情吵架，甚至闹到离婚，不但伤害自己，也伤害别人，甚至一份弥足珍贵的感情，可能就这样遗失了。情感专家在经过研究后发现，幽默是解决这些疑难杂症的一味良药。

幽默药方1：声东击西，找个噱头。

具体药方：聪明3两+体贴2两+孝顺2两。

"我昨天就让你把洗衣机里的衣服晾好了，今天怎么还原封不动地放在这儿？你总是这么懒，把家里的活儿都推到我一个人身上。"妻子生气地看着不爱做家务的丈夫。

两个人在一场唇枪舌剑之后陷入沉默。

"吵架归吵架，可明天是咱妈的生日，我们总得先商量商量给她老人家买点儿什么吧？"聪明的丈夫先开了口。

妻子听了这话以后半带怒气地说："亏你还记得你丈母娘什么时候过生日。"

"那怎么能忘啊，你妈就是我妈啊，当然得孝顺。明天上午我就去我们单位旁边的那家蛋糕房订个蛋糕，下了班直接给咱妈带过去怎么样？好了，好了，老婆你消消气吧，衣服还是我去晾。"

"得了，看在你工作辛苦又孝顺的面子上，还是我来晾吧。"妻子也就顺着台阶下了。

点评：这样的丈夫不仅聪明，而且懂得女人心。谁在吵架之后先开口说话都会感觉没有面子，但是丈夫找到了一个再合适不过的由头——商量为岳母大人过生日需要买的礼物。这样，妻子就会很自然地感到丈夫是在乎自己、体贴自己的，甚至连自己母亲的生日都记得。在这样的氛围下，家庭矛盾自然就烟消云散了。丈夫不仅打破了僵局，还让妻子非常感动，至于晾衣服这样的小事妻子当然心甘情愿地包揽了。

幽默药方2：釜底抽薪，以小见大。

具体药方：面包1个+牛奶1杯+高兴1斤。

妻子和丈夫为了一点儿鸡毛蒜皮的小事一直吵到半夜十二点，双方都在气头上，谁也不肯罢休，于是丈夫赌气去客厅睡了。

第二天，丈夫依然闷闷不乐，不明白为什么一点儿小事竟然会演变成这样的局面。妻子也觉得这样大动干戈实在没有必要，但事已至此，怎样能既不丢面子又能和好呢？

就在丈夫洗漱完毕、即将要跨出家门的时候，妻子不失时机地递上了一份刚刚加热好的面包和一杯牛奶。丈夫先是一愣，接着就心生一股暖意，心顿时也就软了。吃完之后，高高兴兴地上班去了。

点评：再坚硬的男人也抵挡不了细小温暖的感染，也许只是一个小小的

举动，就可以让夫妻之间的矛盾烟消云散。这其实就是"暗示"的功效。它是夫妻吵架后恢复感情的妙方。其一，它适用于夫妻争吵后的心理情绪。一般来说，夫妻经过争吵之后，激烈的情感转为平静，肯定会有短时间的沉默。在沉默时，两个人就会理智地思考刚刚发生的一切。理智恢复以后，夫妻双方就都会有潜在的和好要求。其二，"暗示"有较强的感染力。虽然它看似不过是一个简单的举动，但却深刻体现出了夫妻双方对彼此的歉意、谅解、柔情。它是真正发自内心的，甚至比"我错了，请你原谅"有更为强烈的感情色彩，是速效的僵局解除剂。

幽默药方3：无中生有，乐在其中。

具体药方：硬币1枚＋游戏1次＋理解万岁。

丈夫对妻子恶语相向，妻子很生气，坐在沙发上低声抽噎。丈夫望着妻子纤弱的背影顿时动了恻隐之心，"也许我刚才不应该那么说她……"。

就在丈夫准备开口道歉的时候，妻子突然说："吵架归吵架，也不能因为吵架饿肚子啊！不管怎么说，晚饭总要有人做。"丈夫呆呆地看着妻子。

"我这里有一枚硬币，我抛一下，要是反面朝上你去做饭，如果正面朝上我就去做。"丈夫顺势说。

于是丈夫拿出一枚硬币抛了起来，如果是反面就重新抛，一直抛到正面朝上为止。丈夫搂住妻子温柔地说："我去做饭。"

"我看还是算了，你有这个心就行了。这样吧，你去做饭，我来择菜。"

于是，夫妻一起去厨房里做起饭来。

点评：只要不是想故意恶化夫妻关系，或者心胸极度狭隘的人，对"抛硬币"都会中招，一枚硬币就可以把夫妻关系从剑拔弩张引向诙谐逗趣的氛围里。其实，诸如讲笑话、打赌这些很有趣的游戏，只要有一方提出来，就具有了鲜明的暗示性、引导性和感染性，让对方能看到两人关系中美好的、积极的一面，忘却那些消极的矛盾冲突，刚才的争吵自然也会忘掉，从而恢复平日的欢笑。

幽默药方4：树上开花，引来外援。

具体药方：冷静5两+和事佬1位+开导3两。

丈夫在没有征得妻子同意的前提下为自己买了一台新的电脑，妻子特别生气，觉得丈夫只考虑自己。妻子因此满腹牢骚，委屈的丈夫觉得这台电脑也并非只是为自己买的，于是他们越吵越凶，最后竟然上升到了是不是要考虑离婚的阶段……再往后一连三天，谁也不跟谁说话，丈夫的居住地也由卧室变成了客厅，这个家庭陷入了冷战。

妻子发现事情不妙，在经过了几天的冷静思考之后，发现事情并不是很严重，其实丈夫买电脑还不是为了更好地工作、为了这个家。事情想通了，但若要自己先开口认错又觉得很没有面子。

于是妻子邀请了他们共同的朋友来家里吃饭，趁机化解掉与丈夫的冷战，一场风波就这样过去了。

点评：在夫妻吵架陷入僵局，靠自身的力量难以解决时，寻找"外援"是很聪明的决定。但是找"外援"也是非常有学问的。首先，找来的"外援"必须非常了解你们夫妇，这样的人在调解矛盾时，才能比较客观、全面。其次，找来的"外援"必须阅历丰富、成熟稳重。他会选择合理的方式处理问题。最后,引来"外援"的优点就是,当你把事情的原委与第三个人讲了之后,通过他人的开导,能让你更客观地看待问题,便于加深对对方的体谅和理解。

幽默药方5:借尸还魂,勾起回忆。

具体药方:智慧半斤+饭菜1桌+回忆无数。

真爱不累,幸福不贵

夫妻二人都觉得这次争吵已经让婚姻破裂的趋势无法挽回,丈夫也搬到了单位去住。

有一天,妻子在收拾房间时突然看到了儿子小时候画的一幅画,上面有一只大公鸡。记得当时是丈夫为儿子买的水彩笔,整个晚上,夫妻俩一起教儿子画画。那时候的生活虽然有些艰苦,但是三口之家其乐融融。

妻子想到这里,就开始担心独自在外的丈夫。于是妻子借着儿子的这幅画给丈夫写了一封信,回忆他们当年的点点滴滴,并且让快递公司把儿子的画与这封信一起快递给了丈夫。

第二天晚上下班后,丈夫按时回家,妻子此时也已经准备好了可口的饭菜。

夫妻双方要懂得策略性的退却

俗话说得好:"公鸡打架头对头,小两口吵架不记仇。"可是现实生活中爱人之间的矛盾一旦处理不好,就有可能造成夫妻的感情破裂甚至分手。在婚姻里难免潜伏着两个人的战争,一触即发之际,是火上浇油,还是息事宁人,往往决定于一个恰到好处的"台阶"。闹矛盾之后如何和好?微妙处也在这个"台阶"。

聪明的人,在关键时刻利用"台阶",策略性地退却,使夫妻感情既得到了升华,也保全了自己的形象。有了这个"台阶",主动的人才能显示出自己深处的爱,被动的人才可以从容地、策略性地退让,进而达到双方的和解。

在夫妻的争吵中,策略性退却不仅能平息争端、掌握主动,还能让两人的婚姻在磨合的过程中变得更亲密、融洽。所以,天下聪明的伴侣,都会懂得给对方台阶下,自己也是个会策略性退让的高手。

下面看看小宇是怎么处理吵架后的退却问题的。

小宇结婚已经三年了。和爱人之间吵过多少次架,都记不清楚了,但有一些吵架的片段却让她记得清清楚楚。

记得那次是为家里的装修风格而争吵，快到中午的时候，小宇有些饿了，她打开冰箱看了看，里面的东西全是生的，肚子一饿，心里一酸，眼泪就忍不住落了下来。

丈夫在外屋听见小宇的抽泣声，冷着脸说："肚子饿了？"

小宇点点头。"那我给你做饭去？"小宇又点点头。"你招我生气了，快给我道歉。"

想吃饭就得给他道歉。从那以后，只要两人一吵架、冷战，丈夫就先说："你又招我生气了，快给我道歉。"

小宇立马识相地顺台阶而下。她想："道歉嘛，还不是小事一桩，谁叫他是我丈夫呢？"

对方说："你招我生气了，快给我道歉。"其实是巧妙地向你表示和解的需求，就像古代战场上的求和书。大度的、聪明的你应该接受对方的求和，让彼此都有面子，抓住下台阶的机会，哪怕胡乱说些致歉话，也比死鸭子嘴硬好。这样，你不仅有台阶下，又不会让对方太没面子。

四大经典吵架情景再现

案例一:"求你了,别在马路上给我丢脸!"

柳红出去联系摄影师,并且找商家租借拍摄需要的衣服,本来以为很麻烦的事情,结果一会儿就忙完了,正准备打车返回公司的时候,居然看到丈夫从一个咖啡厅里走出来接电话。柳红觉得很奇怪,就走了过去。丈夫放下电话,才看到妻子走到了自己面前。

柳红:"你说,这本来应该上班的时间,你怎么到这里来了?"

丈夫:"我在陪客户吃饭啊。"

柳红:"有人在这个时间出来跑这么远跟客户吃饭的吗?"

丈夫:"哎呀,你要是不相信我带你一起去见客户。"

柳红:"我才不去见,谁知道是什么客户。"

丈夫:"就是个普通客户。"

柳红:"普通客户还用出来吃饭?"

丈夫:"凡是客户咱们都得陪。"

柳红哭着大声说:"我告诉你,跟你结婚我不求你什么,但是你总得跟我讲实话,我都在这里撞着你了,你还要骗我是不?"

第三辑 挽救不幸婚姻

丈夫："我真没有骗你，你又不愿意去看。"

柳红："我告诉你，这也不是一次两次了，姑奶奶我也不是省油的灯！"

丈夫："好了。咱别在马路上闹行吗？"

柳红："我告诉你，我对你什么要求都没有，下了班还着急回去给你做饭，给你洗衣服，你还要求什么？"

丈夫："求你了，别在马路上给我丢脸！"

柳红："还嫌我给你丢脸，好，我不给你丢脸，你爱干什么干什么去吧！"

对女性来说，在公开场合吵架有很多弊端：第一，很可能会破坏丈夫的面子，面子问题在男人那里有的时候是比生命还要重要的；第二，同时也会破坏自身的形象，对于女性来说，没有什么比践踏自己的形象更加低劣的发泄方式了。

对于男性来说，在生气的时候依然必须控制自己的言辞，不能过于激烈和粗俗，尤其是在面对自己的妻子的时候，更是要注意用词。当两个人争吵的时候，每一个激烈的词语都可能让争吵升级。

案例二："你能不能主动点儿？"

宁伟和林雪思结婚六年，因为性格不合总是吵架。丈夫宁伟比较老实，是个内向的人，而林雪思性格比较活泼外向一些，而且林雪思是外地人，和丈夫饮食习惯也不一样。刚结婚时因为宁伟比较迁就妻子一些，矛盾感觉也不是太大，但是随着时间的流逝双方的性格差别表现得越来越大，现在已经到了彼此见面就吵的地步。

他们俩开了个公司，宁伟是比较被动的一个人，事业心不是很强，而林雪思相反比较要强，想趁年轻多挣点儿钱，生意上的事林雪思愿意努力按自己定的目标有计划地去做，而丈夫宁伟完全是消极被动的。林雪思看在眼里，急在心头。

林雪思："你能不能打起点儿精神来？"

宁伟："我还不够精神吗？"

林雪思："你工作能不能主动一点儿？要不，你就按照我的想法做。"

林雪思希望丈夫按她的安排去做，刚开始还好，现在说多了，林雪思也很累，丈夫也很烦，有时话说了几百遍丈夫都不听。

宁伟："你总唠叨什么啊！"

丈夫嫌妻子唠叨，妻子嫌丈夫被动，两个人经常在公司里大吵。

对于女性而言，当你嫁给一个性格内向而又知足常乐的丈夫，你不能说伤害他自尊的话，男人都是有自尊的。在这种夫妻生活中，女性可以最大限度地鼓励丈夫，可以对他说："老公，我发现你游戏玩得真好，如果把这方面的天赋放在做生意上也会成为一个好商人。"

总之你要学会发现丈夫身上的优点，其实，赢得吵架并不是目的，只有改了缺点生活才会幸福。

对于男人来说，如果你在夫妻关系中扮演的是弱势的角色，那你只有努力工作了。如果想在吵架中赢了强势的妻子，你必须要给自己的生活定一个目标和理想，慢慢去实现，让你的妻子对你充满希望，那你也就自然而然吵赢了。

案例三："你能不能长点儿记性？"

舒婷是个相对粗心的女人，结婚后她觉得她改变了很多，可是和心细的丈夫三子比起来还是差了很多。舒婷有时会跟朋友说："真恨他为什么那么心

细，因为心细他就会挑我的毛病。"

丈夫三子心细是出了名的，而且经常因此而发火。他们的小宝宝淘气，屋子乱了，他会生气；上完厕所小便忘冲他也记着；舒婷用电磁炉烧完水待机他更生气了。因为三子超级会过日子，舒婷的这些事在他的眼里简直是不可饶恕的罪行。舒婷有时也承认这些是她应该做到的。但她是个粗心的妻子，忘性大且爱丢三落四。每天，丈夫三子快下班的时候，舒婷要下意识地看看屋里，尽量再收拾干净一点儿；出门的时候必须看水和电，尤其是电脑，必须把电源插头拔下，否则也会算电费。这要是让三子看到，他又该生气了。

这一天，舒婷出门忘了关水龙头，三子下班后发现了。舒婷回家，还没来得及换上拖鞋，三子就开口骂人。三子说："你怎么搞的，水龙头的事我跟你说了不下三遍了，怎么总记不住？"舒婷说："又没关？"三子说："如果关了，我还跟你闲扯什么？"舒婷说："我道歉，我道歉。"三子说："你什么时候出去的？"舒婷："中午吧，可能是一点。"三子："一点到下午六点，五个小时啊，一吨水好几块钱呢！"舒婷："不就是几块钱吗？"三子："几块钱不是钱吗？"舒婷："水已经流到下水道里了，我还能怎么办？"三子："你下次能不能长点儿记性，败家老娘们儿。"舒婷："你说谁败家呢？"舒婷怒了，把刚脱下来的鞋随手就扔向了三子，两个人还没吃饭，就大打出手。

面对心细的丈夫，大多女性都会觉得不耐烦，吵架自然而然就发生了。在这个案例中，想要赢得胜利，你大可不必硬碰硬，丈夫本来就是那个脾气，硬碰硬的结果只能是玉石俱焚。最巧妙的办法是让丈夫看到你的进步，就比如说，忘了关水龙头这件事，你可以跟丈夫说"最近一个月我就开始记着这件事，先从这事开始"。这样，你就可以逐渐养成习惯，如果你丈夫因为别的事说你粗心，水龙头这件事也是一个挡箭牌。

案例四:"你紧张什么?"

吴乃强和安丽结婚5年以来,吴乃强"性无能"的情况越来越严重。他们每次吵架的原因都大抵如下:

妻子:"你紧张什么?真是越来越不行了。"

丈夫:"那有什么不好?"

妻子:"遭罪的是我。"

丈夫:"你怎么能这样想。你怎么会是这样的人呢?"

妻子:"我是什么样的人你不知道吗?"

丈夫:"看来现在我需要重新认识一下你了。"

妻子:"你觉得我是荡妇,对吧?"

丈夫:"我认为你是个好女人。"

妻子:"那你为什么对我没感觉。"

丈夫:"好女人就要有好样子。"

每次,妻子安丽都要问丈夫好女人是什么样子,丈夫却不回答。两个人的交流总是以冷战的方式收场。

无奈中,妻子带着丈夫去看心理医生。从上面的谈话中得知,吴乃强觉得"好女人"不应该和性扯上关系,由于认为妻子是个"好女人",因此,吴乃强在与妻子亲热时总感到紧张并自责,最后发展到不愿意和她睡在一起的地步。

心理医生建议吴乃强试着对性采取一种较为开放的态度,并和妻子安丽坦诚地讲一下这个问题;还有,在无法从事性活动时不要老是想着这件事,要学会放松,以改善当时的焦虑和紧张的情绪。最后,在心理医生的帮助之下,吴乃强终于克服了这个问题，与妻子拥有了正常而快乐的性生活。

对于女性而言，面对这种情况，你只能寻求心理医生的帮助，再者就是你要给丈夫创造一个宽松的环境。

对于男性而言，这虽然有些不好启齿，但是要正视现实问题，尽量配合妻子，做到让妻子了解自己的问题，二人共同面对，一起努力改善和解决，妻子自然会理解，吵架自然会以问题得到解决而圆满收场。

幸福指导 四大吵架兵法让爱越系越紧

夫妻吵架能圆满收场关键在于双方能有一些巧妙的手法，使得吵架不再可怕，让爱情的纽带越系越紧。

兵法一：以逸待劳，不伤及无辜。

你的大脑是否拥有着一个巨大的数据库，只要是和对方有关的人，不管是父母朋友，还是同事邻居，他们曾经犯下的一些小过失都毫无遗漏地保留在你的数据库里。一旦发生口角，哪怕只是一个简单的争执，你却可以轻易就从他的身上扩展开去：他的父母去年中秋节没有叫你吃饭；明明你老大不愿意，可是他那从小玩到大的死党就是偏偏看不出来，隔三岔五到你家来混吃混喝……最后，你总会撂下一句伤人的话："我如果还是单身该多好啊！"

英国的心理学家就专门指出，在吵架时千万不能牵连出一大堆陈年旧事，另外，贬低与对方关系比较不错的家人、朋友以及同事、老板也是件错误的事情，这样只能让战场扩大，却不会解决你原来想要解决的问题。心理学家建议，在开始争吵前30秒，一定先问自己三个问题：第一，到底是什么事让你生气；第二，这件事情是否只能通过吵架才能得到解决；第三，吵架是否真的能解决问题。等你回答完这些问题后会发现，很多事情根本不值得争吵。

兵法二：以守为攻，从控诉到沟通。

"糖衣炮弹"的威力有时比真枪实弹更强,因为男人通常都是吃软不吃硬的。吵架艺术的最高境界既不是指着他的鼻子河东狮吼,也不是非要跟他约法三章,而是以柔克刚。

出现这种情况时,心理学家建议,与其怒不可遏地指责他,引起更大面积的战火,还不如平静下来对他晓之以理。比如,"你若是就这样走掉,连招呼也不打,我就不知道该怎么办了,要知道,本来要跟大家谈的很多话题都是关于你的。"——这样,你就不是一个歇斯底里的控诉者,而成了一个受害者,就会让你们之间也能有进一步的沟通。

兵法三:暗度陈仓,切勿正面开火。

心理学家经过调查后得出结论,很多夫妻吵架到最后,通常都会发展成一场"控诉会",就是你恨不得要把心掏出来了,而他却依然在误会你,这样造成的结果只能是以冷战的形式不了了之。针对在争吵时如何能进行有效的沟通,专家提出了三"不"建议。

说"我",不说"你"。"你怎么用这种态度对我?""你又犯了老毛病。"这样的话是不是看着很熟悉?当我们开始直接用"你"谴责对方时,就是把对方逼到了一个必须自卫的角落里。对方的第一个反应自然就是要捍卫自己,从而发起反攻,沟通会因为此时防御体系的建立而立即停止。

不进行冷嘲热讽。"是啊,你不带我出去玩,我还要多谢你让我更自由呢!"嘲讽是夫妻吵架时最常用的蹩脚伎俩,用途其实就是激怒对方。这种伎俩的负面影响其实很大,会给双方都带来巨大的伤害,感情甚至会因此亮起红灯。

不打断他说话。抢白他或打断他,你自认为已经完全知道他的心思,而他现在说的话无非都是"借口"。如果你这么想,并且拒绝倾听,这样下去对方也肯定不会愿意倾听你的想法。所以最好的方法是告诉对方你的理解,以此

来确定这是不是他想要表达的意思。在争吵时，多用"你是说……吗？""你的意思是……"的句型重复对方说过的话，如有误差让他纠正，只有这样才能达到聆听的目的。

兵法4：金蝉脱壳，不打消耗型冷战。

冷战这一招虽然不高明，但大家会经常用到。在吵架以后不接对方电话，或者故意"忘记"此前的约定，或者干脆搬回娘家去……

冷战其实就是一场赌博，赌的是耐心，看谁先妥协，但是感情却因此冷掉了。要知道，惩罚对方，也就是在惩罚自己。

当你咬牙切齿地为了能晚点儿回家在大街上闲逛时，为什么不想到去用积极的态度给争吵后冷却的感情加温呢？当然，也不要再为是否该接听他打来的电话而犹豫不决，除非你真的永远都不想再听到他的声音，否则第一个电话和第五个电话又会有什么区别呢？

第七章
幸福婚姻拒绝"家庭暴力"

家庭暴力是一种对婚姻和家庭危害极大的行为,它严重侵害了受害人的身体权,不仅如此,因家庭暴力而引起的自杀、杀人行为严重影响了社会的稳定。总之,家庭暴力已经成为破坏现代婚姻家庭幸福、阻碍社会进步的重要威胁。要营造和谐幸福的生活环境,就要对"家暴"说"不"!

家庭暴力是女人的噩梦

夫妻之间吵架是每个家庭都不可避免的事，不吵反而不正常。但是吵归吵，所谓君子动口不动手，如果真动起手来，性质就大不一样了。首先在体格上，男人都占绝对优势，吃亏的必定是女人。

近年来，根据全国妇联调查，在2.7亿个中国家庭中，有30%（0.8亿个家庭中）存在家庭暴力。

另外，广东省妇联组织对1589个家庭入户调查，结果显示，有29.2%的家庭存在家庭暴力，其中79.4%的家庭存在丈夫对妻子施暴，平均每月4次或平均每月一次受丈夫施暴的分别占受暴妻子总数的32.1%和39%。

相比之下，在美国，有80%的已婚妇女遭受丈夫的施暴。但是在现如今的中国，严重家庭暴力的数量也有增多的趋势，因家庭暴力导致离婚和人身伤害事件也在增多。统计数字表明，近年来，在2.7亿个中国家庭中，大约每年有10万个家庭因家庭暴力而解体。

对于男人打妻子社会上有各种各样的说辞：

有人说，斯文的男人不会施暴，都是被剽悍的女人给逼急了，不得已才出此下策。

有人说，女人挨打是自作自受，她们一直是逆来顺受的典范，尤其是没有工作收入的女人，靠男人养活的女人。这是大男子主义在作怪，是藐视人权的野蛮行径。

有人说，男人打妻子是为了更好地控制女人。谁让她不听话、不理家，不打不足以平丈夫之恨。其实更多的时候，丈夫打妻子并没有什么理由，只是为了显示一下自己的威风而已。

有人说，打与被打都是爱情的成分。这是施暴者的自圆其说，如果不是女人与男人在体格上存在很大的差距；如果不是很多女人为家庭放弃了自己的工作；如果不是为了年幼的孩子，女人会忍受虐待吗？这是明显的以强凌弱的论调。

无论如何，家庭暴力绝对是错误的、不正常的，谁也不应当忍受别人的暴力行为。每一对夫妻都应该明白，爱情和暴力毫无关系，谁也没有权力欺凌对方。如果忍受了第一次暴力事件的发生，那么你的噩运就要开始了。

40岁的张女士与丈夫已经结婚10多年，并育有一女儿。在婚后的10多年间，他们之间虽然偶尔也有争吵，但丈夫从来没有向她动过手。夫妇感情一直非常好，形影不离、如胶似漆，是人人称慕的模范夫妻。

张女士说，自从去年失去工作之后，随着家庭经济条件的改变，丈夫的脾气也变得喜怒无常，先是咒骂，再是摔东西，而后开始向张女士动粗。

张女士在给相关部门的申诉材料中，附带抄录了她17次遭受家庭暴力的情形。张女士说，她记录这些"经历"的目的是希望丈夫有一天能回心转意。她也想到过离婚，但是看看女儿，还是忍住了。

精神暴力是家庭暴力的另一种形式。从我们调查所得资料分析，精神暴力又分两种形式。第一种是丈夫的行为成为侵犯妻子权利的精神暴力，这表现为施暴行为造成的精神伤害和丈夫其他行为对妻子的精神伤害。施暴行为不仅造成对妻子肉体上的伤害，同时对妻子造成精神伤害，即人格尊严的伤害，使妻子在人前抬不起头；其他行为包括外遇、婚外同居，还有赌博、吸毒对妻子的精神伤害，使妻子焦虑、忧伤、恐惧、沉沦，直至患上精神疾病。第二种就是性虐待，性虐待包括生理伤害和精神伤害。调查会上某妇联主席谈到一个性变态狂对年轻妻子的性虐待，使妻子患上了严重的妇科病。这期间的生理伤害、精神伤害不是我们用文字所能表达的。因此，丈夫对妻子家庭暴力包括生理伤害、精神伤害和性虐待。略言之，凡是丈夫的行为造成对妻子生理伤害、精神伤害和性虐待的就是丈夫对妻子的家庭暴力。

无论是肉体上的伤害，还是精神上的折磨，都会使婚姻蒙上一层挥之不去的阴影。置身其中的女人，每日都要在噩梦中度过，这样的婚姻还有什么幸福可言。

家庭暴力大多由男人引发

新时期的家庭暴力又有了新的变化趋向。

其一，趋向年轻化。相关数据显示，年龄在35岁及以下、婚后5年间就发生夫妻矛盾进而引发暴力的人数，在家庭暴力人群中所占比例近半。

专家称，此现象原因有三：一是年轻人在择偶时轻率、缺乏冷静思考，不确定对方是否真的适合自己；二是年轻夫妻经营婚姻的意识淡薄和能力缺乏，发生矛盾时不能及时解决，导致矛盾激化；三是刚结婚的夫妻双方，工作压力大，如不能及时调节心理压力，也易发生家庭暴力。

其二，半数人忍着。当发生家庭暴力时，44.3%的女性选择了"谁也不找，自己忍着"。大多数女性对发生在夫妻之间的性暴力或婚内强暴行为算不算家庭暴力"说不清"，并且女性受害人数量高出男性20%以上。70%~80%的人认为争吵大叫、说侮辱话、摔东西不构成家庭暴力；50%以上的人认为控制对方经济收入不构成家庭暴力。

其三，冷暴力凸显。某市妇联权益处负责人介绍说，现如今在家庭问题中冷暴力正在逐渐凸显。在妇联遇到的这些夫妻间不和睦的情况中，有相当一部分发生在文化层次比较高的家庭。主要表现为夫妻之间不愿意吵闹，互相漠不关心。冷暴力通常对夫妻双方都会在精神上有所伤害，但对于女性的伤害要大一些。如果精神长期处在压抑的状态下，夫妻间的矛盾就会由冷暴力升级为热暴力。

其四，"准家庭暴力"露头。另外，很多未婚的女青年年轻，而且胆小，不敢张扬家庭矛盾，所以"准家庭暴力"实际发生的暴力数量可能远远高于已经获知的。有的女孩即使遭到暴力，也不愿意把事情说出来，更没有向居委会或妇联求助的意识，使反对"准家庭暴力"的工作增加了难度。

无论家庭暴力以何种面目出现，向什么方向发展，问题的根源仍然大多在男人身上。丈夫打妻子，在旧社会是天经地义的事，因为受到三从四德的封建礼教的毒害。可是，在现如今的新社会中，男女平等了，但丈夫打妻子的事仍然时有发生。更严重的是一般被认为这是两口子之间的事，别人少管，因此有的丈夫有恃无恐，暴力行为变本加厉，任意摧残妻子。

丈夫以其强壮的身体对妻子拳脚相加，折磨妻子的肉体与灵魂，究竟是出于怎样一种心理呢？

在一般情况下，夫妻间的暴力行为多源于家庭琐事，双方都有一定的责任。但是一旦动起手来，丈夫殴打妻子，就是丈夫身上的问题更多。因此，引起丈夫暴力的原因应该向深层挖掘。

首先，"夫权"意识的影响不能忽视。这类男子有强烈的支配欲，妻子没有生下男孩子，或者不能生育，丈夫就认为是绝了自家的后代；有些男人发现或怀疑妻子不是处女，或是与其他人有染；更有的为了显示自己不是"妻管严"而耍威风等。

其次，引起男人施暴的另一个原因是"孝道"。在有些家庭，姑嫂不和、婆媳不和时，丈夫不问青红皂白，先打妻子一顿，这在农村更是常有的事，认为这样才是对自己父母尽"孝"道。

最后，极端自私的观念，也会使男人殴打妻子。有的男人另有所爱，为了与第三者婚配，便百般殴打妻子，让妻子提出离婚，以逃脱抛弃妻子的罪名；有的从乡下调到城里工作，看不起农村的媳妇，为达到离婚目的而施以暴力；也有的酒后拿妻子撒酒疯……如此不一而足。

从心理学角度看，对妻子施暴的男人，可分为四种类型：

冲动型：冲动型的男人，遇事容易冲动，在家对妻子也是这样，在社会上、在工作单位同样如此。当和他人的意见产生分歧时，不能以理服人，就谩骂、恐吓甚至暴力作为替代。

阴鸷型：阴鸷型的男人，他们有严重的"专制"观念。认为妻子就是自己的附属品，就必须听自己的，对妻子打骂都很合理。只要妻子有半点不顺自己的意，或者招惹自己不高兴，便拿妻子出气，怎么打骂都能找到自己的理由。

怀疑型：这种性格的男人通常是对妻子不信任，总是怀疑妻子有外遇。妻子与哪个男人说句话或笑一下，就认为准是在与那个男人调情，就要对妻子施以暴力，对妻子严管，不近人情。

性畸形：性畸形的男人，一般是自己生理上有毛病，性功能有障碍。为了不让妻子离开自己，紧接着会产生畸形心理，认为只有让妻子害怕自己的拳脚，她才会死心塌地地跟着自己、侍奉自己。有的甚至扬言："你要是敢与我离婚，我就杀了你和你们全家。"

施行家庭暴力的男人，不管属于上述哪种类型，他们的共同地方都包括文化水平偏低、素质较差。

别让"家暴"扼杀了我们的婚姻

婚姻的本质原本是神圣的、纯洁的，而一旦这个家庭存在暴力，这种神圣、纯洁的婚姻就会荡然无存。家庭暴力给婚姻带来的负面影响真可谓罄竹难书。

1. 家庭暴力是婚姻破裂的首要因素

刘海一家经营着一家餐馆，这两年，倚仗黄金地段的优势赚了些钱。夫妻俩的生活倒也过得滋润，口袋里有了几个钱后，刘海便迷上了打麻将、赌博。

最初只是打点儿小麻将，输赢并不大，妻子尽管心有不满，也只是小声嘀咕两句就算了。但随着刘海迷恋麻将的程度逐渐加深，经常没日没夜地连着打，打完了便倒头就睡，对餐馆那边生意上的事情也撒手不管了。小工经常在买菜的时候贪点小便宜，收的营业款也没有足额上交，餐馆搞得入不敷出，生意日益变差。刘海的妻子对丈夫的不满意程度再次加深，经过无数次劝解也没有用，夫妻俩吵了几回，但都无法将丈夫从麻将桌上拉回来。妻子内心怄气，也学丈夫打起了麻将，还要与刘海比高低，看哪个玩得更大。

从此以后，夫妻俩就是没日没夜地在麻将桌上捉对厮杀，回到家中，便互相指责对方，之后就大吵大闹，气愤到了极点，抓起茶杯便向梳妆台上的镜子砸去。矛盾升级之后，就开始打架，妻子把丈夫脸抓出几道血印子，口口声声说道：看你出去怎么有脸见人。丈夫倚仗着虎背熊腰的身材，竟然拎起妻子的头发便往墙上撞。就这样吵架、打架，打完了，两人抓起钱接着出去赌。

渐渐地，餐馆也关门大吉了，家里好不容易攒下的积蓄也赌完了。夫妻俩赢了钱就胡花海用，根本没有任何对将来的打算。

就这样，一个美满的家庭因为赌博陷入了无休止的争吵打闹中，没有一天甜蜜日子。再后来，他们一路打到了法院，经法院调解办理了离婚。

2. 家庭暴力直接影响孩子的成长

发生在夫妻之间的家庭暴力，受伤害最深的却往往是孩子。

家庭暴力影响了夫妻之间的感情，导致夫妻感情破裂，同时，影响下一代的健康成长。目睹家庭暴力的孩子和受到身体虐待的孩子所受到的伤害一样严重，会导致一系列的行为和感情问题：易形成自卑、消极、孤僻、冷漠、残忍的性格，造成人格的扭曲；比其他孩子更容易表现出焦虑、沮丧、受过伤害的症状和情绪问题；往往容易表现出对同龄人的攻击性行为。国外有研究认为，儿童期处于高度暴力环境的，长大后较容易成为施虐者，这种暴力代间传递的比率为18%~70%。也有研究认为，大多数目睹了家庭暴力的孩子不会一定变得暴虐，但变得暴虐的可能性更大，而且会传给后代。

"儿童安全与社会责任——为了孩子"国际论坛透露，家庭暴力不仅使妇女，也使儿童受到大量的暴力伤害。调查显示，61%的孩子在家中挨过打。此外，家庭暴力令孩子更容易犯罪。然而从传统观念看来，家庭暴力属于很平常的家务事，应该属于私下解决的问题。由于这一认识上的偏差，使长期以来的家庭暴力一直为社会所漠视。身体的伤即使痊愈，心灵的阴影却难以消除。

如何应对丈夫的坏脾气

不少妻子常为自己丈夫的脾气不好而苦恼。所谓脾气，是人的性格特征的一种外在表现，是人的习性的一部分。脾气不好的人，的确让人头疼，但是坏脾气的人不等于坏人。生活中到处可以见到脾气不好但心地善良、顾家爱家的丈夫，他们发起脾气来凶得很，怪吓人的，可是"雨过天晴"之后，对自己的爱人和孩子好得不得了（这里要排除一种可能，那就是人品差的男人。有一种男人本来就是性格粗野、不通情理之人，骨子里的大男子主义思想使他严重瞧不起女人，把妻子儿女当作自己的"私有财产"，心情一不好，就拿妻儿当发泄郁闷的对象。这样的男人，妻子应当坚决对其说"不"）。

一般来说，丈夫经常发脾气，会大大影响家庭的和谐稳定，影响夫妻和子女的生活品质。做妻子的与其烦恼、苦闷，还不如采取积极心态，尝试着用科学合理的方法，去帮助丈夫改掉乱发脾气的毛病。

1. 现场忍让，事后教育

男人发脾气的时候，妻子不要针锋相对、强争高低，应采取沉默、克制以及忍让的态度，先让他的脾气缓和下来。很多男人发脾气与"爱不爱妻子"没有必然的联系，也并非一定就是对家里的某一件事"不满"才发脾气，很可能是他在无意识中对所承受的压力的释放。男人在外打拼事业,难免遇到挫折,如工作受挫、与同事闹别扭、被上级批评等,心里不痛快,又不好当场发泄,回到家里,在妻儿面前有时就容易因生活小事被激怒,发起无名之火。这是男人宣泄自己不良情绪的一种方式,作为妻子如果能够理解和体谅这一点,这场非理性的"雷阵雨"很快就会过去。这里,我们并不是主张妻子应该逆来顺受,而是强调夫妻之间贵在相互理解和体谅:爱人发脾气时,少说两句,或暂时回避一下,并不等于自己低人一等,相反,这是一种宽容、大度和顾全大局的表现。同时,一般说来,男人也不会一开始就毫无节制地暴跳如雷,大吵是由小吵引起,"大发雷霆"是慢慢被激发起来的。所以,如果妻子从一开始就懂得忍让,就能够让丈夫的脾气熄灭在苗头状态,使他及早刹住"愤怒的战车"。

当丈夫脾气发过了以后,妻子要及时找时机引导和规劝他,使他懂得好发脾气是一种不良行为。否则,如果对他一味地忍让,只会使他的坏脾气愈演愈烈。这时候,妻子把话说得重一些,态度严厉一些,应当能让他有所反省、有所悔悟。有位聪明又细心的妻子,在丈夫大发雷霆、出言不逊时,悄悄地打开录音机把他的话给录上了。晚上丈夫消气了,妻子将这段录音放出,让丈夫自己好好听听他做的对不对。这时,丈夫羞愧难当,痛感自己太不应该了,于是诚心向妻子认了错,妻子趁热打铁,对丈夫进行了既严肃又真诚的批评和规劝,从而收到了良好的效果。

此外,需要注意的是,妻子不要拿男人的脾气作为他的人格定位。男人有点脾气,妻子不要过于上纲上线。有些男人自己也知道发脾气不好,可有时会莫名其妙地失控,发完脾气,他们常常也恨自己不争气。正因为如此,妻子不要在男人发脾气的时候随便给他做人格上的定位,比如人格不健全、品德太差、修养低下等。这样的定性，是对他整个人的否定，具有明显的心理暗示作用，可能导致他破罐破摔，今后的脾气越来越差。

2. 合理的生活方式，有助于养成好脾气

研究表明：合理的生活方式，有助于一个人调节情绪，保持好心情。在日常生活中，妻子可以参照以下几点，来帮助丈夫养成好脾气。

（1）睡眠充足

在家庭生活中，妻子规劝丈夫遵循合理的作息时间，保证睡眠充足，不仅对他的身体有好处，而且能大大缓解他的坏脾气。

美国某大学医学中心的一位教授通过研究发现，睡眠不足对人的情绪影响极大——"对睡眠不足者而言，那些令人烦心的事更能左右他们的情绪"。他在学生中挑选出 10 名在日常生活中脾气欠温和并且睡眠欠缺者，做了一个实验。在一个月的时间里，他让这 10 人每晚在黑暗中待 14 个小时。前几晚，他们每人几乎都睡了 12 个小时，仿佛是要补回以前没睡够的时间。此后，他们的睡觉时间都稳定在每晚 8 小时左右。在实验中，这位教授让被试者一天两次记录他们的心情状态，所有的人都说他们睡眠充足后心情舒畅，焦躁的情绪消失了，看待事物的方式也更乐观。

（2）亲近自然

当丈夫情绪不佳时，妻子不妨多创造一些条件，和丈夫到户外走走，多亲近自然，这有助于丈夫改善不良心境。

许多专家都认为与自然亲近能使人心情愉快开朗。一个著名的歌唱家说："每当我心情沮丧、抑郁时，我便去从事园林劳作，在与那些花草林木的接触中，我的不快之感也烟消云散了。"如果时间和条件不允许，那么走到窗前眺望一下青草绿树也是一个好办法。一个心理咨询专家做过一个有趣的实验：分别让两组人员在不同的环境中工作,一组的办公室窗户靠近自然景物,另一组的办公室则位于一个喧闹的停车场。结果他发现,前者比后者对工作的热情更高,更少出现不良心境,工作效率也更高。

（3）经常运动

妻子应该鼓励丈夫多运动,用体育运动来抑制发脾气的冲动。健身运动是一种能有效地驱除不良心境的自助手段。一个人哪怕只是慢跑十分钟,对缓解他的坏心情都能收到立竿见影之效。研究人员发现,健身运动能使人体产生一系列的生理变化,其功效与那些提神醒脑的药物类似。但健身比药物更胜一筹的是,药物往往有副作用,而健身运动对人体有百利而无一害。不过,要做到效果明显,最好是做些有氧运动,如跑步、体操、骑车、游泳等,运动之后再洗个热水澡则效果更佳。

（4）合理饮食

最新研究表明,碳水化合物更能使人心境平和、感觉舒畅。美国马萨诸塞州的一位营养生化学家认为,碳水化合物能增加大脑血液中复合胺的含量,而复合胺是一种人体自然产生的情绪镇静剂。各种水果、杂粮都是富含碳水化合物的食物,经常食用,有助于调节情绪。

3. 掌握心理学,远离"引火物"

脾气坏的人好似易燃的爆竹,最好的预防办法是让它远离"引火物"。妻子掌握这一点心理学知识,再结合自己的细心观察,了解丈夫发脾气的诱因是什么,对有效预防丈夫乱发脾气会得到事半功倍的效果。比如,有的人睡觉时一被打扰就火冒三丈,有的人则好在酒后动肝火,有的人工作不顺心回家就生闷气或找别扭,有的人则是因孩子不听话发火……了解这些特点之后,妻子采取相应的措施,可以有意地规避或事先有所准备。比如说,不和丈夫在酒后谈

不愉快的事情，丈夫工作遇到挫折回家时妻子及时给予安慰等。这样做，就能够大大减少丈夫发脾气的概率。

最后，需要特别注意的是，如果一个人平时脾气很好，突然原因不明地脾气变坏或变古怪了，或是性格突然发生明显改变，如从寡言少语变得喋喋不休、从活泼开朗变得缄默无语等，这时可就不能掉以轻心了。因为，这种原因不明的脾气反常，很可能是精神疾病或其他一些严重疾病的早期征兆。这时，配偶应及时发现，并尽快陪同到医院进行检查和治疗。

帮助丈夫改掉生活坏习惯

他们曾经是一个令人羡慕的四口之家：一座二层的小楼，独门独院；有一辆私家车；家中又有存款；一双儿女聪明可爱，学习又好。在农村混到这一步已经相当不容易了。按说这一家人也应该越过越高兴才对，可这两年家里频频大动干戈，弄得鸡犬不宁，孩子也跟着担惊受怕。想起从前他们夫妻二人融洽和睦、相敬如宾的日子，人们不禁为他们感到惋惜。

近几年，农村经济政策放宽了，做丈夫的他就到金矿采金。开始是自采，干活十分艰苦，但为了建设自己的小家庭，他仍然干得很起劲；地里和家里的活全落在妻子肩上。几年后，他手中积累了十几万元钱，便想扩大采矿区。他向矿山管理部门申请到了一个掌窝（采金的坑道），并组织了一个200多人的采金队。这一下采金量大增，收入翻了好几倍。他们家的经济地位一下子从村中的中等升为首富，在村里第一个盖起了洋楼，购置了成套的新家具。与过去的日子相比，真是天上人间。

谁知好景不长，随着金钱的增多，他却染上了嫖赌的恶习，大把大把地花钱，大金额地下赌注，越来越不务正业。妻子对他的行为痛心疾首，多次苦口婆心地规劝他。可是他当面答应得很好，背地里却依然我行我素，到后来干

第三辑 挽救不幸婚姻

脆彻夜不归，有时甚至还把别的女人领回家中同居。她十分气愤，便和他大吵大闹，他却麻木不仁。两个孩子也恳求父亲，可依然无济于事。久而久之，她感到十分痛苦，又十分委屈，凭什么他天天在外打"野鸡"、吃"野食"，自己却成天操持家务、独守空房呢？她想报复丈夫，让他警戒醒悟，于是她与本村一个男子勾搭上了。时间一长，消息自然传到丈夫耳中，他闻风大怒，立即回家，当天夜里就对她大打出手，并逼她与那男子断绝来往。她说是你先背叛家庭的，还把别的女人领回家来，为什么我就不行。他一听更加恼怒，更用力打她，还说钱是他挣的，他爱干什么就干什么，你一个女人家就该守本分。她当然不服气，他就继续打她，一次打她达半小时之久，直到把她打得不再还嘴，他才扬长而去。孩子们看到父亲那凶狠的样子吓坏了，都不敢上前去拉他。过后她在床上躺了3天，他却不管不问，也没有请医生治疗。事后她也认为自己理屈，不好张扬，就一个人默默忍受了这一切。后来娘家人和夫家人听说了此事，男方父母则说女方不对，不该不守妇道；女方父母则说男方不对，不能有了钱就胡作非为。双方争论吵闹一番，也没有结果。夫妻二人的感情日益冷淡。

　　从此，他在家中待的时间更少了，有时整夜不归。她见他并没有悔改之意，依然我行我素、又嫖又赌，他们也不再有夫妻生活，她也开始放纵自己，与那个男子偷情约会。有时孩子们回来既见不到父亲，也见不到母亲。他听说此事后，又赶回来把她打了一顿。她已不在乎什么，对家庭生活也看得无所谓了，仍然与那个男人来往。他见已管不住她，便天天和她吵、和她闹，两人3天一吵、5天一闹，打架已成为家常便饭，久而久之邻居们也见怪不怪了。

　　这样打打吵吵持续了两年，谁也没有改变。昔日充满欢笑的小院如今竟成了战场，整天家无宁日，两个人都已感到十分厌倦，见面就吵。她在烦恼之余，也反思过自己，家庭弄到如今这步田地，丈夫有过错，自己也有责任。她想到以前虽然家中生活艰苦，但夫妻却恩恩爱爱，她也产生过挽回婚姻的愿望，可是看到丈夫依然很少归家，整天花天酒地的样子，她又气不打一处来。她提出过离婚，他也同意，可是一涉及两个孩子的归属，两人都心中不忍，沉默不语。两个孩子都十分懂事，只要一看到父母在一起，就勤快地端茶送水，做好饭菜，还想办法逗父母开心。因此，他们一次又一次地打消了离婚的念头。

日子就这样暗无天日地继续着，他依然如故，她也仍和那个男子保持关系；他已不再约束和管制她，她也不再关心他在外面的行为。事情到了这一步，她知道，他们的婚姻早已是名存实亡了。可是该如何收场，谁也说不清。

这个家庭的悲剧，不言而喻是源自丈夫的堕落和沾上恶习。生活是一个大染缸，在日常生活中，男人容易染上坏习惯。这些生活坏习惯主要有过多地吸烟、过量地饮酒、过分地贪玩娱乐、迷恋于棋牌等。

不少人其实也深知这些坏习惯带来的危害，但就是改不了。这其中主要有两个原因：一是禁不住诱惑。如吸烟、饮酒、玩赌，能给人以刺激，使人上瘾，这种"瘾"，往往诱惑人们去重复明知有不良后果的行为；二是基于侥幸心理的自我原谅。一些人深知不良习气对人的危害，但对这种危害是否能落在自己头上存有侥幸心理。如吸烟有损于健康，甚至会致癌；酗酒伤害内脏与神经，还会酒后闯祸；玩赌是违法行为，容易造成家庭悲剧等。这些浅显的道理他们都很明白，但他们感到这些不幸未必真能降临到自己身上，于是乎漫不经心，一次次地原谅自己，下不了改正的决心。

一般来说，丈夫有生活恶习，做妻子的总会尝试着去说服他改正。但在不少情况下，收效甚微。这中间有两个原因：一是态度不对。很多妻子不能以理性的态度对待丈夫的坏习惯，往往只有指责而无说服，只有命令而无启发，甚至喜欢在外人面前随意批评爱人，结果造成丈夫的反感和不服，使自己的努力毫无成效。二是说教方法欠妥，改变措施不力，操之过急，求成心切，结果收效不大。

真爱不累，
幸福不贵

合理调适，远离"家暴"

家庭暴力的发生，大部分是由家庭内部矛盾引起的，而且出现暴力行为，起初都是轻微的、间断的小事。和任何事物一样，家庭暴力也有一个发生、发展、变化的过程。这里面就有一个婚姻关系调适、化解矛盾的艺术。从现实生活中观察，处理好夫妻关系，至少应当学会把握这样几个环节。

第一，要从选择配偶时做起。不论是自主婚姻，还是介绍婚姻，婚前的相互了解是十分必要的，在了解的过程中，不仅要看外貌，而且更重要的是要了解人品，看是否情投意合，看是否两人能和谐地生活在一起。

第二，要在家庭生活中学会"以柔克刚"。从古至今，人们对我国妇女"柔"的特点都赞不绝口。柔不是软弱的代名词，也不是低三下四，更不等于是百依百顺、做个小绵羊。我们主张柔，就是要堂堂正正做人做事，要学会不要把家庭矛盾激化，大事要讲究原则，小事要学会糊涂；不要对家庭旧事纠缠不休，要善于理解人和谅解人；不能得理不饶人，得让人处则让人，总是针尖对麦芒地"对着干"，必然会导致"鱼死网破"、你死我活的下场。学会柔是一门生活艺术，其中是大有学问的。

第三，要把矛盾消灭在萌芽状态中。家庭暴力的发生，总是有一个由量变到质变的发展过程。夫妻由于认识上的不同而发生争执，由争执而发生争吵，逐渐出现辱骂，进而出现拳打脚踢，甚至动刀动枪。由此可见矛盾是暴力的导火线，明智的人应当避开矛盾，至少不应当火上加油。矛盾一经出现，就应谨慎对待，要仔细、冷静地分析起因，要采取磋商的办法加以解决。一时商量不成，先放起来再说，一定要冷处理，不要热处理，学会将矛盾消灭在萌芽状态中。一旦出现了第一次暴力事件，哪怕是轻微的暴力事件，事后冷静下来，都应当认真地来回想一想，搞一次"回头看"。在风平浪静的气氛中，和风细雨地多做自我批评，做到"下不为例"。这样就能做到遏制暴力的重复出现。

一般来说，家庭矛盾都是家庭内部矛盾，没有什么根本的利害冲突，应当从团结的角度出发，化解矛盾，不要使矛盾激化。应牺牲暂时的和一部分的个人利益，以求全家整体和长久的和谐。没有这种忍让和妥协的姿态是难以做到家庭和睦稳定的。我国民谚有"三十六计走为上计"一说，当家庭矛盾一旦出现，一时又难以解决时，不妨也试一试"走为上计"之策。走为上，不是一走了之或走了不管，而是暂时离开"现场"，让双方都有一个冷静的思考，这样矛盾就可能自生自灭。一味地走进死胡同，彼此都在那里钻牛角尖，就可能暴发一场两人的"世界大战"。

第四，要避免"激将法"。夫妻共同生活的家庭，不可能都是风平浪静的避风港，相互间碰碰磕磕的事情是难免的，当夫妻之间遇到矛盾时，都应当心平气和地对待，绝不能赌气，说一些不负责任的话，用"激将法"去讽刺和挖苦对方，使其难堪。有时这样做，只会激怒对方。"激将法"往往不易把"坏人"激好，却容易把好人激坏。

当今社会已进入知识经济时代，信息是最关键的决定因素。借助信息网络的高科技手段来传播制止家庭暴力是十分必要的。人格是立身之本，弘扬和倡导培育自我人格的完善，多一些和谐、温馨的家庭祥和氛围，大有益处。同时还要从教育等预防阶段入手，这样才真正有助于21世纪家庭暴力问题的逐步解决。

幸福指导 化解愤怒情绪的三个策略

在日常生活和工作中，我们不可能一帆风顺，总会有让我们感到愤怒和委屈的时候。如果我们不会正确地表达负面情绪，而是一味地压抑自己，总有一天愤怒会多得无法克制。而愤怒一旦爆发，就会像决堤的洪水，不可阻挡，受伤的还是身边的爱人。有关专家对于如何正确处理愤怒情绪，给出了下面三个策略，为了身边的爱人学着改变吧！

策略一：控制愤怒

当你感到愤怒时，离开现场，让自己冷静下来。当你冷静下来后，试着分析引起你愤怒的情境。人在愤怒时容易钻牛角尖，但气头过后，就可以尝试从不同的角度看问题，了解对方的行为或言语背后，真正想表达的是什么。

策略二：表达愤怒

告诉对方你的感觉和愤怒的原因，要对事不对人。要说："你的行为使我感到愤怒。"而不是说："你使我愤怒。"要知道，用语言表达自己的不良情绪，可以在相当程度上减少自己施暴的可能性。如果你只会压抑愤怒，不能用建设性的方式表达愤怒，愤怒不会自行消失，它只会越积越多。当它多得压不下去时，一件芝麻绿豆大的事都会成为导火索，让你大发雷霆，做出过分的事情来。当你攻击转移，把自己的愤怒转向无辜的妻子时，结果只有伤害她，伤害你们的感情，而不会有其他方面的好处。

策略三：学会转移

把关注点从责备对方转移到要解决的问题上,了解对方的感受,共同商讨解决冲突的方法。这样才能找到一个双赢的方法,或者双方都愿意妥协的办法。

真爱不累,幸福不贵

第八章
"离婚"二字，欲说还休

幸福的婚姻是相似的，不幸的婚姻各有各的不幸。同过去高稳固、维持式的婚姻状态迥乎不同的是，近年来，随着社会的进步，人们在无法容忍婚姻现状的情况下，大多选择离婚。

用心经营婚姻，慎重对待离婚

如今随着社会经济的发展，人们的思想逐渐开放，家庭的稳定性发生了较大变化，离婚率逐年攀升，特别是时下的年轻人对待婚姻的态度更加开放了。确实，这体现了社会的进步、人权意识的提升，但同时也带来一些负面影响，并在一定程度上影响了社会的稳定。家庭是社会的细胞，是社会的基本组成单元。俗话说，牵一发而动全身，为了社会，为了下一代，请大家慎重对待离婚。

赵立和罗萍是大学同学，毕业后被分配到同一个单位工作。他们从恋爱到结婚，也算得上浪漫和幸福。但很不幸，一年前，夫妻两人双双下岗，从那以后他们之间的矛盾开始逐渐升级。罗萍嫌赵立没本事，就知道整天在家里待着，堂堂一个大男人挣不到钱；而赵立嫌罗萍只会唠叨，完全不会体贴人。两个人每次翻脸了就摔盆子砸碗。罗萍说："我真后悔跟了你。"赵立接着就说："我也是！"于是两人之间只剩下唯一的一条路——离婚。

夫妻两人简单地收拾了一下各自的东西，都庆幸没有孩子的困扰，为双方省去了不少麻烦。他们把结婚证找出来，一人拿一本，然后各自骑上自行车来到区政府婚姻登记处，令两人吃惊的是离婚的队伍排得居然比结婚的队伍还长。仿佛是一种嘲讽似的，离婚的人表情各异地走出登记处，而结婚的人却喜气洋洋地给大家分喜糖，自然也包括他们这些将要离婚的人。罗萍嚼着喜糖，心里却溢满了苦涩。

离婚手续办得出奇的顺利，离开登记处，赵立和罗萍一前一后骑着车子。忽然一阵风吹过，赵立被风沙迷了眼，他随便揉了几下，但无济于事，索性把车子支在路边使劲揉起来。这时，前面的罗萍也下了车子，停在原地等他。过了一会儿，她见赵立仍在原地，就折回来，走到他跟前问："怎么了？"此时，赵立已经被那小小的沙粒折磨得非常狼狈，他没有答话。

罗萍把车子支好说："你别再动了。"她捧起赵立的脸，很熟练地给他翻开眼皮，然后伸出舌头，轻轻地用舌尖去舔。赵立像一个孩子，被罗萍捧着脸，感受着她舌尖的温暖，往事如潮水般涌入脑海，他想起了，罗萍不止一次给自己翻过眼皮，用舌头舔出飞进眼里的沙子，忽然后悔起来……

那粒小小的沙子很快被罗萍舔了出来。赵立却一下子把她搂在怀里，两人在熙熙攘攘的大街上泪流满面。过了很久，两人才重新骑上车子，谁也没有说话，但是却共同回到了那个差点就破碎了的家。

半年后，他们租了一个门面，开了一家小吃店，女的主内，男的主外，生意还挺红火。

只是因为一粒沙子，恩爱的人可能会小题大做，反目为仇；也可能会破镜重圆，和好如初。爱有时就这么简单，当风沙吹进眼里的时候，就看你是丢下它不管，还是用心把它舔出来。

在现实生活中，存在许多这样的婚姻例子，其实夫妻之间还有爱，只要彼此替对方多考虑一下，多沟通交流，还是可以挽回的。婚姻是双方共同用心去经营的，这样才能成就美满婚姻！

注定离婚的三种婚姻

自从实行新的《婚姻登记条例》后,离婚率越来越高。该条例简化了离婚程序,男女双方凭结婚证、身份证、户口簿、离婚协议、照片就可以办理离婚手续了。相比以往,少了民政部门一个月的调解时间和单位开具证明的手续。这样一来,一些夫妻产生离婚念头后,"开弓没有回头箭",只要跨进了离婚登记室,手续一准办成。另外,随着时代的发展、观念的转变,人们看待离婚不再像以前那样"谈虎色变"。不论男女,在对婚姻不满时直接就说"不",把离婚这件事办得静悄悄的。可事后不久,又会后悔当初的一时冲动。

晴雯与丈夫是自由恋爱的,结婚后两人的感情一直非常好。没过多久,晴雯生了宝宝,孩子的出世使这个幸福的家庭变得更加完美。因为孩子太小,需要人照顾,于是晴雯就辞去了原本很喜欢的工作,在家做起了全职太太。丈夫是一个既能干又顾家的人,通常下了班就立马回家,有时候工作上实在有应酬也会把晴雯带上,如果不方便的话也会把行踪向晴雯交代得清清楚楚。

晴雯以为这样幸福的日子会一直持续下去,直到有一天,她洗衣服的时候无意中翻到丈夫口袋里的情书。晴雯一下子傻了,脑袋一片空白,那么爱自己和爱家的丈夫怎么会做出这样的事？她根本无法相信，但是看着手上的情书，白纸黑字清清楚楚展示了他们的爱情。这一整天，晴雯就一直拿着情书坐在地上，脑海里上演着各种关于第三者的故事……

到了晚上，丈夫下班回来了，晴雯非常愤怒，但很平静地说："我们离婚吧！"丈夫也十分痛苦，他真的不希望和晴雯离婚，再三恳求晴雯给他一次机会。但晴雯根本不愿意理他，也不愿给他这个机会，只要一想到丈夫跟那个女人的事，晴雯就感到一阵"恶心"。于是，她坚决要离婚。

手续很快就办了下来，晴雯如愿以偿地与丈夫离了婚，并且争取到儿子的抚养权。后来，晴雯就一个人带着儿子过。一个家庭没有了男人，晴雯既当爹又当妈，她为了让儿子不受自己和丈夫离婚的影响，给儿子编织了一个又一个谎言。

身体上的累晴雯能够忍受，但心里的苦让她不堪重负。每当夜深人静的时候，晴雯就会想起当初与丈夫在一起的幸福时光，其实她还是很爱丈夫的。实际上，晴雯的丈夫也十分后悔自己当初的举动。只可惜覆水难收，他们谁也不愿意向对方低头，谁也不愿意拉下面子说复婚的事。

从某些角度来说，离婚也不是那么容易的。不同的性格、不同的人品、不同的婚姻以及社会政治经济地位的不同，导致了人们在离婚这个艰难抉择中的不同表现。有人匆匆离去，有人纠缠不休，有人心平气和，有人郁恨难填。离婚只有在极少数的情况下不可避免，比如一方缺乏社会道德，因另有新欢而抛弃对方的情况，这在离婚案件中占据了相当一部分。那么，到底什么样的婚姻不可避免离婚呢？婚姻专家分析总结出以下三类婚姻。

1. 面子婚姻

选择继续维持面子婚姻的人,通常更看重外界的评价和自己在他人眼中的形象,那些婚姻中的感情、虚荣、利益、名声等顾忌完全交织在一起,会使我们在婚姻遇到真正的问题的时候,不能做出理性的决定。

因此,放下虚荣心吧,不幸福不可耻,装幸福才可耻。

2. 影子婚姻

生活中存在这样一种婚姻,两人因为不了解而相爱,却因了解而分手。不是两人不相爱,只是这种爱缺乏继续生长和壮大的根基。

3. 空壳婚姻

人们习惯把那种存在很大问题、濒临破碎的婚姻叫"空壳婚姻"。在这样的婚姻里,夫妻中至少有一人的心已经不属于这个家庭,但却因为种种原因而没有离婚。

离婚了,"好聚好散"很重要

男女双方在结婚时,人们纷纷祝福他们"百年好合""白头偕老"。但是,少数夫妻还是会分手。近几年来,我国的离婚率不断增高,因而这个问题就更值得人们注意了。夫妻应当尽力向"百年好合"的方向努力,假若实在很难做到这一点—不能"好合"时,至少要做到"好聚好散",正确地对待一起生活过的人。那么,怎么才能做到"好聚好散"呢?

1. 尽可能善待曾经的伴侣

离婚后,有些东西能够分开,比如家具;有些东西却是永远也分不开的,比如回忆。他(她)曾是我的夫(妻),给我的人生增加过一抹温暖的颜色;他(她)曾是我人生中的伴侣,陪我走过寂寞和孤独。这中间有过最坏的时候,自然也有过最好的时候,曾经让我们哭的人,也一定让我们笑过。因此,离婚之后在处理一些关系和具体事务的过程中,如果可能的话,在双方都能和平相处的情况下,要学会把坚冰融化。

在行走的过程中失去彼此,金钱并不能弥补我们的痛苦,但是金钱能代表我们对对方的歉意和安慰,能代表我们除了爱情之外的一点温情,会让对方觉得好过一点,能帮助他(她)恢复一些对生活的信心。

也许,就是因为这次失败的婚姻,使我们了解了如何去爱一个人,如何去珍惜一个人，如何去做一个合格的丈夫或妻子，那么，这也是他（她）给我们的最后一份礼物。用他（她）的痛苦和失意凝结成的礼物，我们应该抱着感激的心情去对待他（她）。

不要再计较从前的事情，希望很多年以后，想起我们的慷慨和从容，那个人会有一丝的感动和惭愧，那么我们今天的付出也是值得的，也是属于我们的另外一种补偿。

2. 不要让孩子掺杂到离婚后的纠纷中

父母离异，对孩子已经是一种辜负，在离婚后更要尽自己所能尽量减少对孩子的刺激，给他（她）比婚姻未破裂之前更多的关爱，这是我们都应该尽到的责任。

人的一生中肯定都会被人亏待过或伤害过，如果我们一定要背上痛苦行走，这条路该多么艰苦。随着婚姻关系的结束，今后两个人在法律上除了孩子已经没有任何关系。就算我们想追讨过去那些不满，也失去了一个合情合理的平台。

在所有拥有孩子的离婚夫妻之间，因为孩子的教育和费用等问题，永远无法做到彻底隔绝。关于这些问题，要保持平和的心态和对方协商，在不影响自己生活质量的前提下，尽量给孩子良好的物质环境。

3. 与过去的伴侣保持安全距离

离婚并不等于以后就固定在这个状态，它只是当下阶段的一个选择，我们最终还是要跨越这个阶段向前走。离婚也不是一句号令，一声令下以往的一切就会烟消云散，过去曾经在枕边亲密无比的那个人就会迅速远离。我们和自己又爱又恨的那个人的纠缠可能会在离婚之后继续延续，人类最痛苦的事就是想要忘掉自己不能忘掉的人和事。

有时候，只要一看到那个人，立马就会回想到过去，甜蜜、痛苦、无望、愤懑、嫉妒等复杂的情感一起开始纠缠，也爱过，也恨过，也许有的人终其一生也学不会如何平复心态，伤得太重，终于彻底失去了治愈的希望。

离婚之后，彼此已经没有了法律的关系，让自己能够释放和解脱的就是不管过去有多少血泪和不甘，都要学会站在旁观者的角度看自己、看对方。其实，做一个熟悉的陌生人也没什么不好，碰巧遇见了就点头微笑，不见的时候就沉默无语。

第三辑 挽救不幸婚姻

释放单飞的心灵——离婚后心理指导

真爱不累，幸福不贵

既然选择了离婚，就要在心理上放飞自己，不要把自己囿于痛苦之中。以后的日子还长，还有你更值得去拥有的美好，所以要重燃希望。

当两人结婚时，穿着漂亮的礼服、婚纱，在一片祝福声中踩着红地毯，谁会去想日后可能离婚呢？他们都希望自己能与爱人天长地久，白头到老。可是，当双方苦心经营的婚姻还是不可避免地走向破裂时，应该怎么办呢？离婚可能对大家都是一种解脱。既然感情没了、默契没了、责任没了，那也就别再挂念什么，调整好自己的状态，重新迎接新的明天。

云今年28岁，一年前丈夫有了外遇。一年来，无论云怎样努力也唤不回丈夫越走越远的心。她实在不愿意再在名存实亡的家里生活了，于是一个月前，他们选择了离婚。

云带着3岁的女儿回到了娘家。离婚对她的打击很大，使她常常陷入孤独和自卑之中，无法排遣。家里人也经常抱怨她，说她任性、心胸狭窄，不会体贴人。云觉得没有人能理解她的痛苦，也感到自己做人很失败，真想一死了之。可每当看到活泼天真的女儿时，云又不忍心扔下她不管。

可是云真的很绝望，不知该怎么办。

离婚对人的打击，可以算是一次巨大的震荡。其中牵连的情感纠纷、财产分割、孩子归属等种种问题，也都让离异双方面临着巨大的心理压力。

离婚前，很多当事人一般都没有很清醒地认识到问题的复杂性和严重性，很多人还没有做好充分的心理准备。因此，在离婚后就难免会产生各种各样不成熟、不适应的应对方式。此时的离婚者就像需要被呵护的孩子，太多的压力和伤痛已经让他们不能理智、清醒地思考问题，成为心理上需要被呵护的弱势群体。

离婚者在刚离婚后表现出来的那种脆弱和寂寞，也应该理解。如果此时有一个异性主动给予关心，定会让人感到莫大的宽慰。因此，暂时转移注意力也是一种积极的尝试。

但毕竟与前伴侣根脉相连地生活在一起，当时养成的各种习惯与心理模式早已定型。而换一个伴侣，同样可能面临着艰难的"转换"危机。如若自己依然重复先前的情感模式，那么很难保证上一次的失误不会重演，甚至可能愈演愈烈，遭受更大的伤害。

离婚固然是双方都不愿看到的结果，但是一旦离婚了，就不必再停留在伤痛中，而是要爱自己、不断完善自己。因此，要冷静面对现实，逐步渡过离婚后的心理危机，并且勇敢地翻开自己生活崭新的一页。

在人生道路上，离婚确确实实是一件会引起巨大心理挫折与波动的事件。它带给夫妻双方，特别是女方的精神创伤是难以估量的。

那么，应该如何来调整离婚后的心理呢？

1. 让时间来医治创伤

俗话有：时间是最好的药。特别是情感问题，时间通常能更好地愈合创伤。当强烈的爱或恨随着时间的流逝而慢慢淡去，一切的痛苦会慢慢变淡，甚至消解。

2. 缘分已尽，就随他去吧

不断地告诫自己：既然缘分已经尽了，就不要再强求。要知道强扭的瓜不甜，是自己的，没有人可以抢走；不是自己的，再强求也没有用。双方因为不可调和的矛盾而分手，那离婚就是最好的结局。在这个世界上，总有一个真正的幸福归宿在等着你。再想想暂时的单身也有好处，可以拥有更大的空间、更多的时间去做自己一直想做而没有去做的事。

3. 维护自尊心

别以为离了婚自己就掉了身价，就比别人矮了半截。离婚未必是因为谁不优秀，婚姻中出现不适合是很正常的。不必过分苛责自己，要懂得给自己减压，相信自己的能力和魅力，并设法通过工作、学习等来发掘自己的长处，把自己的优点表现出来，实现自我价值，以重新获得生活的主动权。

4. 时机成熟，情感取代

当你已经适应了一个人的生活，并且过得不错时，可以考虑重新建立家庭，但应该对此慎之又慎。由于有一次离婚的经历，你会更加重视和珍惜幸福，能够很好地处理来自感情、生活等各方面的问题，识别自己情感上的盲点，懂得对夫妻关系多做一些细致的经营。因此，如果有合适的机会，就不要错过。

有些爱可以重来——再婚心理指导

离婚之后再次找到合适的伴侣并能相伴一生,这是好事。但是再婚却总是会受到各种牵绊和阻挠,这些困难,让很多准备再婚的人望而却步。

再婚本是好事,在受到一次婚姻重创之后又找到了归属和幸福。但是想要再次走进婚姻的殿堂并不容易,会有很多阻挠,包括子女的反对、婚后的诸多问题等,都会让人们举步维艰。

据调查显示,再婚夫妻的离婚率要高于初婚夫妻。其根本原因在于再婚者因离婚而受到心灵创伤、固有的生活习惯和传统道德观念的影响,而存在着种种不良心理,比如,怀旧心理、比较心理、猜疑心理和自私心理等,致使再婚夫妻感情产生隔阂,再度出现婚姻问题。

得知父亲要给自己找后妈时,12岁的儿子的第一句话是:"为什么还要给我找一个后妈?"他对儿子的问题并不感到惊讶:"那你就不想有个疼你的妈妈吗?"儿子沉默了一会儿后,说:"我亲妈妈对我就挺好的,我不需要了。"

他的前妻因为嫌他穷而跟着一个富商走了,但跟儿子还保持着联系,每月都寄钱过来。离婚时儿子还小,他没有再婚就是怕儿子受委屈。而且经历过这场婚变后,他对女人也有了偏见,认为凡是女人都是爱钱的。因此,他一直没有再娶。直到他遇到了同样已经离异的高中女同学，他才彻底改变了原先的想法。他决定要再婚了，但他眼前的儿子，又成了他再婚最难过的一关。

离婚者在摆脱了不幸婚姻的束缚之后，获得了自由。然而不久，孤独和寂寞就会袭来。鉴于前次婚变的教训，不少离婚者对再婚存有种种疑虑、担心和偏见，不敢再轻易闯进"围城"，怕引火烧身。

有些离婚者在经历了不幸的婚姻后，"一朝被蛇咬，十年怕井绳"，对所有异性一概采取怀疑和否定的态度，困在上次不幸婚姻的阴影里不能自拔。有些离婚者鉴于前次婚变的经验，再婚时更加小心谨慎、宁缺毋滥。

还有些离婚者之所以不敢轻易产生再婚的念头或迟迟不敢迈出再婚这一步，主要是因为过分考虑了再婚对孩子的影响，特别是给孩子带来的消极影响，以及孩子对自己再婚的反对态度。

对离婚的偏见，常使离婚者不敢向新的恋人如实袒露自己离婚的原因。其实，若能把自己的弱点、缺点乃至错误毫不隐瞒地告诉现在的恋人，一般都能促进双方的了解，避免日后的夫妻生活出现波折。

只要夫妻双方按照"长相知、不相疑"的原则来协调彼此的关系，那么即使是再婚，也能拥有"琴瑟和鸣"的融洽感情。

幸福指导 婚变危机测试

要防止婚姻危机变为现实，就必须尽早对危机有所预测。不要等到危机四伏的时候，再来亡羊补牢，那将为时晚矣。因为，感情一旦破裂即使破镜重圆，也总会留下许多裂纹和瘢痕，那已经不再是一种完好如初的状态了。

下面有十道测试题，用来评定婚姻中可能潜藏的危机，每道题都有五种选择，请根据你的实际情况选择其中一种答案。

1. 夫妻两人客观条件（如学历、职位、身体状况等）差距拉大，感情日渐淡薄。

   A. 很符合

   B. 比较符合

   C. 难以确定

   D. 不太符合

   E. 很不符合

2. 婚后某一方家庭观念明显改变，萌生了新的期望、要求和动机，不满现状。

   A. 很符合

   B. 比较符合

   C. 难以确定

   D. 不太符合

   E. 很不符合

3. 夫妻一方或双方经常因为和其他异性交往的问题而生气，且过后很难平静。

   A. 很符合

   B. 比较符合

   C. 难以确定

   D. 不太符合

   E. 很不符合

4. 夫妻一方或双方常小题大做或拿孩子出气。

   A. 很符合

   B. 比较符合

   C. 难以确定

   D. 不太符合

   E. 很不符合

5. 夫妻一方或双方在外花钱如水，对家庭建设却毫无兴趣。

   A. 很符合

   B. 比较符合

   C. 难以确定

   D. 不太符合

   E. 很不符合

6. 夫妻一方或双方经常背着配偶去约会、跳舞、游玩。

   A. 很符合

   B. 比较符合

   C. 难以确定

   D. 不太符合

   E. 很不符合

7. 夫妻一方或双方很少主动要求或配合做爱。

   A. 很符合

   B. 比较符合

   C. 难以确定

   D. 不太符合

E. 很不符合

8. 夫妻双方年龄、志趣相差太大。

A. 很符合

B. 比较符合

C. 难以确定

D. 不太符合

E. 很不符合

9. 对方频繁贬损目前的婚姻并称赞别人的配偶。

A. 很符合

B. 比较符合

C. 难以确定

D. 不太符合

E. 很不符合

10. 夫妻双方性生活日渐冷淡或不协调。

A. 很符合

B. 比较符合

C. 难以确定

D. 不太符合

E. 很不符合

评分：选A得4分；选B得3分；选C得2分；选D得1分；选E得0分。

答案解析：

31分以上：

你的家庭正处于婚变危机状态，已成为"第三者"的温床，也许早被介

入。建议你果断行事，进行调适与弥补，经过努力如对方仍无动于衷，说明婚姻已进入"坟墓"，应考虑好聚好散，重砌炉灶。

18~30分：

你的家庭存在一些婚变危机因素，这已需要引起你的高度重视，应该积极主动与对方坦诚对话，晓以利害，分析出现问题的原委，各负其责，努力消除误会，修复感情。

6~17分：

你的家庭基本上处于安全状态，你与配偶之间仅有一些模棱两可的疑惑或猜测，对"第三者"有一定的防范能力，但不能大意，要提防那些条件优越、手段高明的"第三者"插足。

5分以下：

你的家庭不存在婚变危机，固若金汤，"第三者"只能望洋兴叹。但无论何时，夫妻双方都要对感情、婚姻、家庭倍加珍惜，细心呵护，防微杜渐，从而给自己和家人营造美满幸福的生活。

第四辑
真爱升温，幸福永存

第九章
做魅力女人——把握幸福婚姻的秘诀

婚姻就像一本书,不管你对这本书多么喜欢,读第一遍时的激动、新鲜以及刺激在以后多次翻阅时都会逐渐淡化——大多数女人不能尽心经营自己的婚姻事业,任由婚姻朝着平淡发展。婚姻的本色原本是平淡,很多时候波澜不惊,但假若连涟漪都没有了,婚姻就会变成一潭死水。作为一个聪明的女人,就要学会不断为婚姻生活注入新鲜的内容,让自己的婚姻之书常读常新。

提升自我魅力，营造幸福婚姻

美满的婚姻由许多部分组成，但其基石只有一块：从性感的角度去选择和要求自己的配偶。夫妻生活在很多时候都可能被柴米油盐、教育子女、照顾老人所淹没，但一有机会，它就会顽强地表现和展示它的本质属性：对性感的美化。一个男人自身做得如何姑且不说，他对妻子的性感要求是一贯的。妻子的性感靠什么来体现呢？除了温柔、体贴、爱意等，还需要时髦的打扮、迷人的情态、充满性魅力的内衣。没有哪个丈夫可以一辈子容忍素面朝天的妻子。婚后女人更不可抛弃爱美的天性，因为爱神从来就是美神。

杨青与尹娜是在一次超市购物时认识的。尹娜当时穿着牛仔裤、白T恤，一头乌黑的长发，杨青被她清纯媚人的倩影深深吸引。尹娜那时买了一大堆东西，结账时掉了一袋零食，杨青顺手捡起来递给她。

"谢谢。"尹娜的眼眸里闪烁着少女的羞涩。

"你东西这么多，一个人没办法拿回去，我帮你拿吧。"杨青找了这样的理由接近她。像所有浪漫的故事一样，他们恋爱了。没有半年时间，又像所有浪漫的故事一样，他们步入了婚姻的殿堂。可婚后，朝夕相处的日子让恋爱时的热情逐渐退去。

一个星期天上午，尹娜本来想睡个懒觉，但想起还有很多衣服要洗，就再也睡不着了。尹娜干活非常麻利，转眼间就把要洗的衣物洗好了。那边洗衣机还在转，这边她又扎着围裙用一块破抹布东擦西抹。看屋子收拾得差不多了，又开始去做饭。饭菜准备好了，她叫丈夫杨青："吃饭吧，吃完饭我们一起去商场转一转，给你买条裤子。"

坐上饭桌，杨青对着散着头发的妻子问道："你起来洗脸了没有？"

尹娜一点也不在意，完全失去了结婚前的羞涩。解开围裙道："从起来就开始忙，一直忙到现在，哪有时间洗脸？吃完饭随便擦两下吧，星期天谁看哪！"

吃完饭，尹娜很快换好了衣服，镜子都不照一下，对杨青说："走吧！"

杨青看着尹娜这么随便，实在是忍受不了，开口道："你结婚以后怎么变成这样，哪个女人出门不照镜子的？你看你现在成什么样子了，专挑难看的衣服穿，你就这样跟我上街逛商场？碰上熟人不觉得丢脸吗？"尹娜听他这样说发火了："不就逛一逛商场吗？又不是见国家领导。再说，我都三十好几的人了，再怎么打扮也成不了花季少女啊！我整天累得要死，哪有闲情打扮，你不嫌累我还嫌烦呢！"

杨青的怒气开始升级："那你也不能这么邋遢啊，一点儿都不讲究，看看你这身打扮，实在是太庸俗了！"这下尹娜的肝火更旺了："说来说去，你不就是嫌我老了？打扮得花枝招展的干吗？我又不是新娘子。这么多年了，我上班忙，下班忙，就怕当不好媳妇，没曾想你还是不满意。我知道了，不是我不化妆，这根本就是你的借口。行了，你想离婚是吧？离就离！我反正是人老珠黄没人要了，你想怎么样就怎么样吧！"

杨青气得张嘴瞪眼了老半天，也没说出一句话来。

夫妻争执、闹矛盾是常事，但杨青和尹娜的争吵却不是小摩擦、小误会，而是夫妻俩在婚姻态度、审美意识方面的巨大反差。虽然杨青说话语句方面有不当之处，但主要原因是尹娜疏忽装扮太久，她以为结婚后就不需要天天化妆，于是乎整天"蓬头垢面"，觉得没必要为每天生活在一起的那个人打扮。这是很大的错误观念，这样的结果只会给他们的婚姻大打折扣。

俗话说："女为悦己者容。"可如今很多女人认为这个"悦己者"已不是丈夫，有的女人发起火来骂丈夫和孩子更是能穷极天下之脏话，嗓门可以盖过帕瓦罗蒂。睡觉的时候磨牙说梦话，放屁也不是稀奇的事儿！这样的女人现在越来越多，是什么原因使女人卸下了全部的伪装，把家庭当成了丑陋的展厅？

原因是：在现实生活中，许多妻子一味地强调家庭的自主和随意，因而毫无顾忌和遮拦，不自觉地把陈旧、粗俗、丑陋的一面暴露给丈夫，她们不知道，这其实是对丈夫的一种打击和伤害，也就等于向爱情和婚姻投毒和纵火。家庭不是丑陋的展厅，如果说男女相爱之初就是从性感魅力的角度去选择和要求对方，那么这种选择和要求绝不会在结婚后消失。

女人的美来自先天的赋予与后天的修饰，一副姣好的容貌及身段是女人展现自身魅力的条件，而内在的素质修养与独特的个性更是展现魅力的一种最好的手段。

魅力女性靳羽西说："魅力就像屋里的一盏灯，向四处照射着。每个人都有一盏完全不同的灯，或许您还没有意识到，无论气质还是个性，世界上没有完全一样的两个人。""人生下来都是块美玉，是什么原因让自己失去了玉的光彩？"女性的魅力并非自然生成，如果自己是一块好玉，也需要长期的打磨、雕琢——通向魅力的路确实就在女人的脚下。

所谓爱情保鲜术，有时也是性感魅力的翻新术。所谓夫妻和谐、婚姻美满在很大程度上来源于夫妻对美的领略和鉴赏、创造和交流。好妻子应该看看她们身边的事例：多少妻子为能有一张生动的脸不厌其烦地涂涂抹抹，多少妻子为能有一身时髦的打扮不断更换时装，多少妻子为能有一副标致的身材节食减肥。

脸庞可以衰老，但爱情不应该衰老；性能力可以减弱，但不应该终结对美的追求。要经营好爱情，就要永远保持自己的魅力。

第四辑 真爱升温，幸福永存

好形象是吸引丈夫的有力武器

众所周知,爱美之心人皆有之,喜欢漂亮的女人更是男人的天性。任何一个男人,无论他貌似潘安、宋玉,还是武大郎那样,他们对妻子的期望都是一样的,希望爱人永远像恋爱时那样美丽利落。尽管有些男人嘴上可能会说"家有丑妻是个宝",可他们心里并不会真把丑妻当成宝来宠爱。

听听男人们的理由吧。

如果妻子一直都是以美好的形象出现在自己面前的话,我会感到赏心悦目,看到她,心情自然开朗,能忘掉很多烦恼,同时感到自己也更年轻、更有活力,对生活充满了热情。

男人都是爱面子的,漂亮女人能满足男人的这种虚荣心。如果我的妻子能够时刻打扮得体、光彩照人的话,我会觉得在其他男人面前挣足了面子,尤其是他们会不自觉地认为我是一个很有能耐的人。

你要相信,没有男人会喜欢不美的女人。不要奢望用自己的操劳、勤俭节约去抓住男人的心,要知道你的美丽被烦琐的家务和无情的岁月吞噬得越快,你对丈夫的吸引力就会越小,你在婚姻中就逐渐处于极端被动的状态了。

爱美是女人与生俱来的权力,也是吸引丈夫的有力武器。从现在起,别再抱怨男人一旦结婚就变心的无情了,重新注意自己的外表形象,精心打扮自己，每天以美好的形象出现在他面前。

在这里，我们并不是让你不看经济状况盲目地追求昂贵的品牌，而是提醒你结婚后不要被烦琐的家务和无情的岁月吞噬，要懂得修饰自己。你可以不必每天都化妆，但必须购置一些必要的护肤品，悉心保养容颜，使自己活色生香、秀色可餐；你可以不喜欢逛街，但必须要保持穿着整洁大方，还要记得给自己添置新装，让他在面对你时，总有一种"惊艳"的感觉。这些都会为你们的夫妻情感涂上一抹亮丽的色彩，从而使你们的婚姻更加幸福和长久。

更重要的是，女人打扮自己不单单是一种吸引男人的手段，更是一种调节自我心境的好方式。美丽会让女人对自己充满自信，感到舒适。这样的女人不但光彩照人、落落大方，而且还有一股高贵的气息，又怎能不让男人沉醉？

艾丽是一位单亲妈妈，一个月前她因丈夫移情别恋离了婚。这段时间里，她始终没能走出婚变的阴影，整日以泪洗面，她想不明白，当年那个口口声声说爱自己一生一世的男人怎么说变就变了。

有一天，儿子所在的学校邀请家长们参加校庆联欢晚会。艾丽没有心情去，但是看到儿子祈求的目光后，她改变了主意。就在为晚会做准备时，艾丽突然发现，鱼尾纹已经悄悄爬上了她的眼角，她感到有些难过，再看看身上家庭主妇的装扮，她下定决心要改变自己的现状。

首先，艾丽去了美发店，将多年的一头长发剪成了干净利落又时尚的短发，看着镜子中显得年轻、清爽的脸庞，她更坚定了改变自己的决心。接下来，她去商场选了几款适合自己肤质的化妆品。最后，她又特意去买了衣服和鞋，而且用心地挑选了一些小配饰。

第二天，艾丽精心打扮了自己一番，看着镜中漂亮的自己，她的生命仿

第四辑　真爱升温，幸福永存

佛注入了新的活力，心情顿时愉快了很多，婚变的打击也没有那么难受了。最重要的是，同时去学校参加校庆联欢晚会的前夫也改变了以往对自己冷冰冰的态度，尽管两人已经没有了再续姻缘的可能，但艾丽已经明白了女人要为自己而美丽，她有信心把握好下一段婚姻。

靳羽西说过一句话：这个世界上没有不漂亮的女人，只有不懂如何打扮的女人。女人必须爱美，让丈夫每天都看到一个漂亮多姿的自己，这样的你也必定会像一块磁性很强的磁铁，深深地吸引丈夫的目光，得到他始终如一的青睐和优待。婚姻中的女人，永远要学会为自己的美丽做一些投资。

永远保持女性的柔美

温柔是女性的一种智慧、一种温婉的美、一种良好的修养、一种很高的境界、一种坚强的力量,更是女性特有的武器。美丽的生命需要女性的温柔来装饰,事业的成功需要女性的柔情来浇灌,婚姻的幸福需要女性的温柔来管理和经营。

高生大学毕业后拒绝了留校任教,毅然去了一座靠海的城市,那是他一直的梦想。刚到那座城市的时候,求职的失意使高生陷入深深的痛苦。面对陌生的城市,他感到格外的无助,没有人给他一丝温暖。高生那个时候寄住在同学的家里,每天就靠着喝酒来打发孤寂的日子。

就在高生几乎要绝望的时候,她出现了。那天,求职的队伍排了很长,队伍里的她冲高生温情地一笑,那一笑有着女性最彻底的温柔,高生的心在那一刻被暖化了。

高生又燃起对生活的希望,到处去寻找新的工作。但是,他又一次失败了,在面试的最后一关时被刷了下来。那天晚上高生感到格外的失落,这时候,她打来了电话。温柔的声音在深夜的孤寂中荡漾着,高生冰冷的心瞬间被她的声音唤醒、抚热。在她的鼓励下,高生最后终于找到了自己理想的工作。

然后，和有着无尽柔情的她共同步入了婚姻的殿堂。

温柔的女性就像空谷幽兰，不容易被发现。女人的温柔像是无形的精灵，会紧紧抓住男人们的感官，悄悄潜入他们的心灵。

温柔，来自女人性格的修养。聪明的女人要懂得在自己的日常生活中，加强性格上的涵养，培养女性的柔情。因此，女人特别要忌怒、忌狂，讲究语言美，把那些影响柔情发挥的不良性情彻底克服掉，让温柔的鲜花为女人的魅力而怒放。但是，女人的温柔并不是柔软、柔弱，不是丧失自己独立的人格和独立的个性，这是女人的一种耻辱。女人的温柔，是柔中带刚、柔韧有度，这样才柔媚可人。

女人，最能打动人的也是温柔。温柔像一只纤纤细手，知冷知热、知轻知重。只这么轻轻一抚，受伤的灵魂就会愈合，昏睡的青春就会被唤醒，痛苦的呻吟就会变成甜蜜幸福的鼾声。温柔是女人特有的武器，有哪个男人不愿意被这样的武器所击倒？温柔有一种绵绵的诗意，它缓慢地、轻轻地散发出来，飘到你的身旁，扩展，将你围绕，包裹，熏醉，使你感受到一种放松、一种归属、一种难言之美……

聪明的女人要保持和发展自己的温柔之美，就一定要纯化自己的语言和净化自己的举止，否则，会使温柔之美从你身边悄悄溜走，同时悄悄溜走的或许还有本该属于自己的幸福。

女人自信了，幸福也便跟着来了

女人的婚姻是否幸福，不是取决于男人的承诺，而是取决于女人本身。女人首先需要对生活充满信心、对感情充满信心、对自己充满信心。只有充分地相信自己，做一个自信的女人，你才能给予自己幸福。

正如索菲亚·罗兰所说："一个缺乏自信心的女人永远也不会有吸引别人的美，没有一种力量能比自信更能使女人显得美丽。"自信的女人，不一定天姿国色，不一定闭月羞花，甚至可能相貌平平，但她们因为自信而光彩照人、淡雅高贵，无论在哪个场合，她们都是最耀眼的焦点。

"自信"和"美丽"本没有直接关系，可自信往往能产生一种魅力。俗话说：女人二十岁是桃花，鲜艳；三十岁是玫瑰，迷人；四十岁是牡丹，大气；五十岁是兰花，淡定；六十岁是棉花，温暖；而自信的女人，一生如花。

在婚姻生活中，女人要扮演很多角色，这就更需要用自信心来做后盾。有自信的女人从不会草木皆兵地多疑，她对生活充满信心，对感情充满信心，对自己充满信心。所以，她能够轻松自在地经营好一个家庭。

蓉蓉是个美丽、柔媚的女人，当初就是凭借这两点征服了自己的丈夫。结婚几年后，眼看自己的青春已经不再，正值中年、事业有成的丈夫却潇洒依

旧,蓉蓉总是担心丈夫在花花世界里经不住诱惑,生怕哪一天自己被抛弃了,为此惶惶不可终日。

当丈夫因为工作需要招聘秘书的时候,她着急了。她觉得跟那些年轻、漂亮、温柔的女秘书比起来,自己除了有个"老板娘"的头衔外,再没有了其他可以骄傲的资本,也根本不是她们的对手。

因此,她常常把自己搞得跟个侦探一样,频繁地查丈夫的岗,对丈夫的秘书她都会表现出一副敌对的姿态,有时还会恶语相向。短短的半年时间,丈夫因为她而辞掉了六七个秘书,生意因此受到了很大的影响。

渐渐地,丈夫觉得蓉蓉不可理喻,回家的时间越来越少了。而蓉蓉则因为丈夫冷落了自己,感觉天塌下来了,慢慢地变成了一个怨妇,整天怨天尤人、寻死觅活的,两人的夫妻关系越来越淡漠,婚姻陷入破裂的边缘。

蓉蓉之所以变成一个多疑的女人,很大程度出于她的不自信,不相信自己的魅力,不相信丈夫的为人,更不相信他们的婚姻。一个女人如果连自己都不相信,如何让男人去相信她、去爱她?而且,持有这种想法的女人不管外表再怎么光彩照人,也因其不自信使美丽打了一个大大的折扣。

事实上,女人最悲哀的事情不是遭到丈夫的冷落或背叛,也不是没有爱情的滋润,而是失去自信。女人的幸福不是取决于男人,而是取决于女人本身,在男人的眼中自信的女人最值得爱。

男人喜欢自信的女人,是有原因的。

自信的女人必然是乐观的。她能坦然地面对社会和生活赋予她的一切,不会因为自己的一次失落而钻进死胡同,不会因为自己不够漂亮而怀疑丈夫对感情不忠,变得萎靡不振;在男人失意时,她会给他安慰,而不是抱怨,她的乐观态度会感染到男人，让男人充满力量。

自信的女人必然是上进的。她的天地不仅仅在家中的厨房，她懂得随时充实自己，并不断完善自己，努力表现自己的社会价值。我们都知道这世上没有完美的人，但是能自信地让人接近完美，谁能说这不是一种完美呢？

自信的女人必然是充满激情的。她相信自己有能力征服她所爱的人和事，用不着疑神疑鬼，只要认真做自己、认真去爱就好了。因此，在生活和工作上，她往往会朝气蓬勃，并容易接受新事物。

总之，自信的女人对生活充满信心、对感情充满信心、对自己充满信心，永远不会自怨自艾，也不会失去努力发展的动力。男人在仰慕她的同时，又会产生一点敬畏之情，这样的女人在婚姻中受到伤害的可能性往往也很小。

自卑的女性，可以从下面这些途径和方法中找到自己的自信。

（1）在会场上挑前面的位置坐；

（2）试着当众发言；

（3）加快自己的走路速度；

（4）说话时，一定要正视对方；

（5）不要有所顾忌，要大声地笑。

用情调驾驭生活的脚步

有情调的女人是清甜而纯净的小花,淡淡的清香可以拂去疲劳和风尘。夫妻间的情调同样需要我们用心去挖掘、去创造,在平淡的婚姻中制造浪漫与奇迹。要想使婚姻之树常青,永不枯萎与凋谢,就必须经常在贫瘠的情感土壤里施肥、浇水。只有这样,婚姻爱情才会畅通无阻,夫妻之情才会在彼此欣赏的眼睛中升腾,融进心海,情感日趋渐增。

一个精明睿智的女人,绝不会任凭时间把鲜活的婚姻一点点腐蚀,她会有意无意地制造一些生活情调,就像汤菜中的八角、味精,看似微不足道,缺之,索然无味,加之,芳香浓厚。做一个富有情调的女人,何尝不是热爱生活的本身?何尝不是在主宰自己的婚姻命运?所以,女人不能怨天尤人地说"丈夫不欣赏我了""丈夫出轨了""幸福的婚姻与自己无缘了""拴牢了他的胃,为何拴不住他的心?"其实,你只要抽出一点点时间、使用一点点精力、动一点点脑子、投一点点资本,就可以把自己的婚姻经营得红红火火、艳阳高照,更能收获那颗宠爱你的心,而自己也顺其自然地一路攀升,自然增值了。

扯几片浪漫的花瓣,编织一件云的衣裳,偶尔制造一个意外的惊喜。在平淡如水的婚姻里、在沉闷若井的日子里,总有萎靡不振、审美疲劳之时,谁能保证在黑暗中不打个盹儿呢?这时,偶尔给身心疲惫的他制造一个小小的浪漫，便成了浑浊生活中洁白的浪花。例如，悠闲地逛街，用自己刚刚收入囊中的奖金或稿费之类的外快，买下那套价格不菲的内衣，向他暧昧地示爱，不但是给自己一个小小的奖励和喝彩，更是向他展示你风韵犹存的少妇风采。只有那些"呆傻"的女人才会无故舍弃这样的"双赢"。

再如，在结婚纪念日发一条令人心动的短信，让他联想翩翩：有一种东西叫投缘，有一种情感叫思念，有一种关爱叫无言，有一个人远在天边，近在眼前，我有一个小小的心愿，希望你快乐幸福每一天！或者在家中给他留一张赴约的小纸条：亲爱的，某年某月的某一天，在某某地点，我在等你。准时赴约，不见不散！然后，将共进晚餐的酒店，选择在你与他某年某月的某一天第一次见面约会的附近，隔窗而望，情海生波，于是，我们在回忆，回忆那过去，让过去的好时光，留在我们心里……时光在记忆的长河中倒流，尘封的往事涌向心头，人到中年的你们又找回了甜蜜而遥远的二人世界，许下百年的承诺：金婚时，80岁的我们一起看夕阳！变幻多端的浪漫与惊喜，不仅调节了婚姻的空气低压，还给彼此麻木的心注射了一针兴奋剂，激活了热爱生活珍重婚姻体验生命的情愫。

在不知不觉中，女人美丽可爱的形象在男人心目中不断成长、膨胀，在无声无息中融洽了彼此的情感。从各自独立到合二为一，从视而不见到如胶似漆，这种潜移默化的改变最显著的疗效是，有娇妻携手陪伴、相濡以沫，男人不再花心花肠，再也不动别的女人的心思了。其实道理很简单，不就是将"平装本"妻子的自己，以"精装本"女人的形象出现在丈夫的视野中吗？角色互换的心灵冲击，是一缕晨风拂面的清爽欢愉。

读书能弥补脸蛋的先天缺憾

书籍，是女人经久耐用的"化妆品"。即使她貌不惊人，但她浑身洋溢的书卷味，使她无论走到哪里都是一道独特的美丽风景，是很多男人心目中理想的伴侣，而且这种美丽最经得起岁月的考验。

有一种女人只是身穿普通的衣着，但素面朝天的她们走在花团锦簇、浓妆艳抹的女人中间，反而更加引人注目，更能吸引丈夫的目光。是什么让她们拥有了独特魅力？毫无疑问，是气质，是修养，是浑然天成的浓浓书卷味，让她们显得如此与众不同。

罗曼·罗兰说："书让女人变得聪慧，变得坚韧，变得成熟。使女人懂得包装外表固然重要，而更重要的是心灵的滋润。和书籍生活在一起，永远不会叹息。"这正印证了一句话——"腹有诗书气自华"。

爱读书的女人，懂得用知识和智慧培养气质、塑造心灵和发展各种技能，无论她走到哪里都是一道独特的美丽风景，即使她貌不惊人，但优雅的谈吐、脱俗的气质，也依然使她成为很多男人心目中理想的伴侣。

李丽相貌普通，经常素面朝天，穿着也简洁朴实，但是她却赢得了丈夫的"专爱"。每次两人逛街时，即使是面对浓妆艳抹、年轻漂亮的女人，丈夫也不会左顾右盼，目光始终不肯离开李丽，用他的话说就是："我的妻子浑身散发出一种独特的迷人气质，走到哪儿都是焦点，引人注目。"

李丽很普通，没有任何修饰，却具备无人否认的美丽和气质，她的秘诀就是读书。走进她的家，除了桌椅几件必需的家具外，入眼之处都是一摞摞的书。闲暇时间，她会读一些唐诗宋词、古今中外优美的散文，在轻松悠闲的阅读中修身养性，慢慢地，由内而发就洋溢着浓浓的书卷味，平添了许多清丽与优雅。

对于女人来说，书中的养分胜过任何一种化妆品。在欣赏文字、咀嚼文字的过程中，女人宛如山谷中的百合花，吸收着天地之间的精华，开出洁白动人的花，散发出沁人心脾的清香。

常伴书香的女人能够修身养性，她们的心灵和生活都变得充实起来，在举手投足间展现出端庄、高雅、自信、大方。无疑，这样一块玲珑剔透的美玉，是男人愿意珍藏、小心呵护的挚爱。

青春稍纵即逝，美丽的容貌也很短暂，而时光可以带走青春容颜，却带不走知识的积淀。常伴书香的女人，是由内而发的美丽，即使两鬓白发，脸上爬满了皱纹，也一样可以美丽动人，并且会随着岁月的变迁而越发醇厚。

在男人眼里，美丽的女人其实就是一本书，容颜就是封面，智慧的核心就是内文。清新淡雅或华丽雍容的封面吸引了男人的眼睛，然而令他们长久留恋的却是书中的内容。而你若是一个爱读书的女人，就会更有"内容"。

书中的知识让你淡定，让你善于理解和宽容，让你明白人在最脆弱的时候需要什么，能开导他、安慰他；你的智慧能为他指点迷津，又不会妨碍他的思考，让他感到新鲜而放松，随时都能找到意外的惊喜，使他柳暗花明……只有这样的女人才能真正吸引男人，使男人把你当作爱人、知己，甚至导师。

因此，你要想成为一个美丽、有魅力的女人，想长久享受丈夫的宠爱，就不能让自己只顾肤浅地用化妆品和时装来装扮自己，而是要不断地通过读书丰富自己、提高自己，真正由内而外的到改变。

那么，女人该看什么书？女人适合看什么书？很多女人或许都有这样的疑问。

答案是要读适合自己的书籍。那些适合你的宝贵书籍，可以让你看起来更有品位和气质。不过，每个女人对书籍的需求各不相同，女人可以根据自己的感觉来寻找属于自己的阅读之路。

除此之外，读书更多的是为了从书籍中汲取营养、放眼看世界，以明己知世，所以你最好选择那些有哲理性、有深度、思想性强的书阅读。特别是读名师的书籍，是一种与智者的交流，是一场穿越时空的精神之旅。

安雅人如其名，安宁优雅，一颦一笑之间都有万般风情，不仅让丈夫，而且让见到她的男人们都深深着迷，而这种着迷无关容貌的美丽和衣着的光鲜，是她全身散发出的那种气质吸引着众人的目光。

安雅喜欢读书，她所涉猎的书籍内容非常广泛。关于读书，她有着一套自己独特的方法。身为女性杂志的编辑，她会涉猎一些与工作相关的、简单易懂的书籍，如《美容手册》《如何抓住他的心》《美女厨房》等。但是，女人要想提高品位，让自己从内而外焕发迷人气质，仅靠这些书籍是不行的。

因此，安雅更喜欢这样一类书，而且她认为，对于女性来说，这些书是不应该错过的，如美国著名学者金西的《金西报告：人类男性性行为》与《人类女性性行为》、美国作家汤马斯·佛里曼《世界是平的》、中国柏杨的《中国人史纲》等，这些书都是引人思考和提高修养的。

安雅坦言，虽然这些书比较深奥，但是她喜欢独立安静地思考，思考得多了，便从这些书里开拓了视野，体会到了丰富的想象空间，提高了看待生活的境界，有这种感觉就足够了。

读书能弥补脸蛋先天之缺憾，是气质、精神永葆年轻的源泉。读书的女人，有一份永远不过时的美丽。读书又是不分年龄界限的，每年都是女人读书的芳龄，赶紧行动吧，现在开始也不迟。

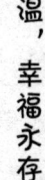

第四辑 真爱升温，幸福永存

女人在男人面前如何保持永恒的吸引力

做到以下几点女人可在男人面前保持永恒的吸引力。

1. 女人应注意保养自己

皮肤的光洁亮丽胜于衣服的华丽，婚后女人要想在养颜护肤上有所作为，除了使用护肤品外，更应该注意以内养外，真正的美丽肌肤就是从体内塑造的。

已过不惑之年的杨钰莹有着十年如一日的少女肌。上天为何如此厚待杨钰莹？这与她的保养是分不开的。杨钰莹和大家分享起保养心得，她说：想要保持年轻的肌肤，首先要保持平和健康的心态，这比任何美容产品都重要。杨钰莹透露在使用好的抗皱产品护肤的同时，更提醒大家日常所需维生素C、E的补充更是不容忽视。她笑言自小爱吃水果，特别是提子，提子又具备极好的抗氧化效果，能够帮助肌肤抵抗外部侵害。最后她还打趣地说多听正版产品音乐也有助保养，这就是杨钰莹省钱又省时的抗皱小秘诀。

杨钰莹之所以40岁还能拥有少女般晶莹透亮的肌肤，不是上天偏爱，而是得益于她选对护肤产品，勤于保养。上天给了女人美丽的容颜，却也赋予了比男人更容易衰老的肌肤。因此，女人保养要趁早，补救一定要及时，如此才能延缓衰老甚至逆转岁月痕迹。

撒切尔夫人曾说:"女人一生所犯的最大的错误,就是忘记了自己是女人。"一个男人在外工作所见的女人,都打扮得整整齐齐、漂漂亮亮,而回到自己家里见到自己的妻子却是蓬头垢面、一副懒散的样子,对比之下,难怪他会觉得别扭。

女人的美不是天生的,是后天造就的,想做美丽女人就要学会保养。有些女人虽已做了妈妈,可仍然青春焕发、美丽动人,她们处于事业上升期,对职业发展还有很多憧憬;她们的孩子可爱而且懂事;她们有一种年轻人所没有的风韵和魅力。人人见了她都会说:"你保养得真好!"这就是女人会保养的结果。那应该如何来保养肌肤呢?

(1)洁肤

美丽的女人像花朵,只有精心呵护才能绽放美丽的容颜。如果能够把皮肤彻底地清洁干净,护肤的问题就解决了80%。所以,要想做个娇嫩欲滴的"水美人",就要学会洁肤。

(2)补水

保养肌肤,仅有外部保湿是不够的,平常最好多喝水。如果你未喝足够的水,你的皮肤将会起皱松弛。而且,水不仅是肌肤的基础,还是一种奇妙的清洁剂。几乎所有的美容医生都建议我们每天要喝6~8杯水,以便充分地给皮肤细胞补充失去的水分。

当然,喝水也是有讲究的。水可分为硬水和软水,软水虽然容易洗净你的衣服和碟子,但它对身体却不如硬水有利。硬水是富矿水,含有较多的钙和镁。只有多喝硬水的人看起来才年轻,这是因为硬水中的矿物质有助于防止动脉硬化、高血压、心脏病等心血管系统病。一些研究老年问题专家指出,喜马

拉雅山周围地区的百岁老人之所以那样多，同他们饮用高度矿物质化的水是紧紧相连的。

有些地区的生水很容易洗净油污，有些地区的生水则没有这个优点。从这里你就可以大致得出这样一个判断——能轻易清洗碟子上油污的生水一般是软水。一般说来，井水与河水多为硬水，自来水、雪水、雨水大多为软水。

条件允许的话，每日最好饮7杯水，即起床一杯水、每次餐前半小时一杯水、运动前一杯水、浴前一杯水、睡前一杯水。

2. 选择不同的服饰

首先，我们要根据不同的体形选择不同的服饰。

（1）窄肩

不宜穿无肩缝的毛衣或大衣；不宜穿窄而深的V形领。适宜穿开长缝的或方形领口的衣服、宽松的泡泡袖衣服；适宜加垫肩类的饰物。

（2）宽肩

不宜穿长肩缝的或宽方领口的衣服；不宜穿太大的垫肩类的饰物；不宜穿泡泡袖的衣服。适宜穿无肩缝的毛衣或大衣；适宜穿窄而深的V形领。

（3）粗臂

不宜穿无袖衣服，穿短袖衣服也以在手臂一半处为宜，适宜穿长袖衣服。

（4）短臂

不宜用太宽的袖口边，袖长为通常袖长的四分之三为好。

（5）长臂

衣袖不宜又瘦又长，袖口边也不宜太短。适宜穿短而宽的盒子式袖子的衣服，或者宽袖口的长袖子衣服。

（6）背宽

适合穿直线花纹、剪裁合身的上衣，露背的吊带要宽些。

（7）小胸

不宜穿领口露乳沟的衣服。适宜穿开细长缝领口的或者穿水平条纹的衣服；适宜戴垫海绵的胸罩，穿宽大的上衣、长背心或短夹克，胸前可加花边、蝴蝶结，中腰部分采用鞋带式的交叉条线。

（8）大胸

不宜用高领口或者在胸围打碎褶；不宜穿水平条纹图案的衣服或短夹克。适合穿敞领和低领口的衣服；适宜深色调的服装，以直条花纹为佳；V字形和方形领口；适宜质地轻柔、飘逸的衣料。

（9）长腰

不宜系窄腰带；不宜穿腰部下垂的服装。适宜系与下身服装同颜色的腰带；适合穿高腰的、上有褶饰的罩衫或者带有裙腰的裙子。

（10）短腰

不宜穿高腰式的服装和系宽腰带。适合穿低腰、臀有下垂趋势的服装，以系与上衣颜色相同的窄腰带为好。

（11）体胖

不宜穿大花的、俗艳方格花纹和厚料子的服装，也不宜穿颜色鲜艳且上下装色彩对比强烈的服装。而深色会使人显得苗条，因此，适宜穿颜色较深的衣服。比如，可选色彩强度较低、颜色较深暗的衣服；裙装可选带褶皱的连衣裙，尽量不穿直筒裙；此外，还可选深色、有不规则小花纹图案的衣服，配以小面积白色或浅色装饰，利用深浅色一缩一张的视觉差对比，来达到显瘦的目的。

3. 呵护雌激素，让女人更年轻

岁月沧桑，衰老是谁也不可改变的现实。当第一道细纹出现在眼角时，衰老便悄悄地在我们的面容上发生了。虽然衰老总会不可避免地到来，但是我们仍然可以拼尽全力，尽可能地延缓那一天的到来。

女性之所以拥有细腻的肌肤，丰盈的身躯，每月一次月经来潮……无不归功于雌激素的作用。当女性进入青春期，雌激素水平大幅度提高，促使我们的身体发育产生一个飞跃：性器官——阴道、子宫、输卵管及卵巢本身发育成熟；脂肪增加并更多地分布在胸部和臀部，形成女性特有的柔美曲线、柔腻皮肤、清悦嗓音。可以说雌激素是女人魅力的秘密源泉。

4. 少吃不利于保养肌肤的食物

（1）会产生黑眼圈的食物

如果眼圈发黑，眼神无光，则是肾负担太重。少吃盐、糖、咖啡，多吃小红萝卜、白萝卜和蒲公英。

（2）会使鼻子发红的食物

鼻子不喜欢糖，过多的巧克力和甜食会在鼻尖上形成红色血管，所以可用果仁、水果和酸奶来代替巧克力当零食。如果整个鼻子通红，那就是心脏负担过重了，应该立即放松、休息并戒烟，少吃含脂肪的食品。

（3）会使肌肤发黄的食物

含维生素A和胡萝卜素的食物虽能帮助肠胃消化促进新陈代谢，延缓肌肤衰老，预防皱纹的产生，但如果食用过多维生素A和胡萝卜素则会导致肌肤发黄。所以爱美的女性，一定要掌握好摄取量，即使钟爱南瓜、芒果、木瓜、柑橘、玉米这些食物，也不宜过量。

（4）会使肌肤变黑的食物

酪氨酸、锌、铜及铁是人体所需的矿物质，并具有抗氧化作用，能减少老旧角质与皱纹的产生，令肌肤光滑，但是食用过多会使肌肤变黑。想要拥有美白肌肤，就要远离它们。如动物内脏、螃蟹、蛤蜊、牡蛎、乌鱼子、黄豆、青豆、花生、核桃等，想要变白的你，要尽量少吃！

（5）会使肌肤产生色斑的食物

吃过含有感光物质的食物之后，一经阳光照射很容易导致黑色素沉淀，在肌肤上产生色斑。据不完全统计，芹菜、红豆、韭菜、木瓜、柠檬等食物中都含有大量的感光物质，所以不宜多吃。实在想吃的话，在食用后的短时间内最好避免接触阳光。女人的美是吃出来的，所以要注意平时的饮食。

幸福指导 你是个"万人迷"吗

《涩女郎》里有一个"万人迷"，她以自己的魅力吸引了众多的人，而你是不是众人瞩目的"万人迷"呢？

测试问答：

1．阳光明媚的午后，你决定上街逛逛，幻想着没准会碰上什么令人心动的邂逅。梳洗打扮完毕，你的问题来了：两种颜色的裙子，你会穿哪一条？

A．绿色（看注释）

B．红色（继续到下一题）

注释：想一想马路上的红绿灯，因为红灯往往会让别人做停留。

2．试问一下自己，你是虚荣心强的女人吗？

A．是（看第一条注释）

B．不是（继续到下一题）

C．有时是，有时不是（看第二条注释）

注释:（1）漂亮的女人不一定虚心，但不够漂亮的女人一定虚心。(2) 天下的女人似乎只分三种：漂亮的、不漂亮的、说不太清漂亮还是不漂亮的。依据第一条注释，显然第三种女人适合答案C。虽然虚心是一种美德，但不等于说缺少了这种美德，一个女人就成不了"万人迷"。

3．如果只有"天使"和"魔鬼"两个词供你身边的男性来定义他们眼中的你，试想一下他们会选哪一个？

A．天使（看注释）

B．魔鬼（继续下一题）

注释：天使与魔鬼最大的差别在于：前者有好的心，而后者有好的身材。不幸的是大部分男人都会选择后者。

4．你是怎样的情人？

A．诚实的（看第一条注释）

B．不诚实的（看第二条注释）

C．有时诚实、有时不诚实（继续下一题）

注释:（1）诚实的情人令人乏味。(2) 不诚实的情人令人担忧。

5．评价一下你现在的生活处境。

A．乏味（看第一条注释）

B．杂乱（看第二条注释）

C．让别人的生活杂乱（继续下一题）

注释:（1）感觉生活乏味或许是因为你总找不到人来爱，又或是总没有人来爱你。(2) 感觉生活杂乱或许是因为你向太多的人示爱，而对他们又全部失去了控制。

6．跟朋友约会，你比他早到，你会作出何种判断？

A．他在路上耽搁了（看注释）

B．我一定是搞错了约会地点（继续下一题）

注释：你还没有掌握约会迟到原则。

7．你是否会想起你的老朋友？

A．不（继续下一题）

B．是（看注释）

注释：当一个人开始回忆童年时，就表明他已经老了。而当一个女人开始回忆她的老朋友时，就表示她被新朋友甩了。

8．你对自己婚姻的预见是：

A．只要我愿意，一定能嫁掉（继续下一题）

B．别人一定能嫁掉，我就难说了（看注释）

注释：悲观主义的女人认为自己嫁不嫁得出去，关键并不取决于自己，而取决于别人是否嫁给了那个本该娶我的男人。

9．做女人比较麻烦，还是做男人比较麻烦？

A．女人（看注释）

B．男人（继续下一题）

注释：看来你对自己的容貌还是不够自信。

10．如果一个男人对你说："从来没人给过我这样的感觉。"你的第一反应是：

A．当然，我就是和别的女人不一样（看注释）

B．他在说谎（看结果）

注释：善意的谎言也是谎言，除了上面那一句，"你穿什么都好看"也同样不够真实。

答案解析：

1．如果你在完成十道测试题的过程中，一次注释都没有看，那么你就是标准的"万人迷"。因为你够漂亮、够自信，特别是对追求你的男人够狠。

2．如果你在完成十道测试题的过程中看了1~5次注释，那么你是很有发展潜力的"千人迷"。因为你现在已经知道了自己跟"万人迷"的差距，也就等于明确了继续提升自己迷人指数的目标。

3．如果你在完成十道测试题的过程中，看了5次以上的注释，那么你可能算不上"万人迷"，但"十人迷"总还是够资格的。虽然人们都说容貌是天生的，但不是还有大把的化妆品等着你选嘛！打扮打扮自己，重要的是不要失去自信。

4．如果你在完成全部测试题的过程中看了全部的注释，那么你不可能是"十人迷""百人迷""千人迷"或"万人迷"，你只可能是个标准的"书迷"。

第十章
钱财无忧的"一生与一世"

理财对于一个家庭来说非常重要，它是家庭幸福、婚姻美满的基本保障，如何支配和规划好生活中的每一笔开销，是每对夫妻应该学习的一门必修课。

财富规划让婚姻更稳固

结婚证明着男女双方的成熟,而对于财富的规划不但让小两口对家庭更有责任感,更能让他们懂得并学会运用一些必要的理财手段来稳定和壮大自己的家庭积蓄,增加小家庭的抗风险能力。

恋爱的时候我们可以只谈感情,但是,真的到了结婚这一步,很多现实的问题我们无法逃避。经济问题就成为婚姻日程中一个重要的事项,尽管很多人不是一律向"钱"看,但至少也要为自己日后的生活精打细算,也希望过上更富足的生活。现在很流行一句网络俗语:"钱不是万能的,但没有钱是万万不能的。"这话一点都没说错。在这个物质条件越来越优越的社会,想做点什么都离不开钱。如果一家子总是在需要用钱的时候才发现家里已经入不敷出,那一定觉得生活比别人过得艰辛。由此看来,一家人要想生活得更加无忧,很重要的一步就是要做好财富规划。只有在该用钱的时候不愁缺钱花,只有让自己家庭的小金库充盈起来,才能最大限度地保持家庭的稳固和平衡,才能在未来的婚姻生活中少一些争吵和困惑,多一份保障和安宁。

能离开物质的爱情在现实的世界里少之又少。或许,你在追求女友时捧出的大束鲜花还需要妈妈的赞助;或许,你在为男友准备精心的生日礼物时还需要爸爸的支持。但是结婚后,无论你们是住在高档小区里的精致公寓,还是蜷在晚上楼梯都没有灯光的简陋板楼，这些是你们自己为自己创造的。可是怎样在保持生活高品质的同时，还能不当"月光族"，让生活日益富裕起来，这些是所有小夫妻必须学习、并且好好掌握的一门学问。

不过很多小夫妻会这样想："刚刚结婚，两个人的资产几乎为零，理什么财啊。"其实，理财不仅仅指的是对现有收入资产的配置，还包括对过去财产的配置，以及对未来收益的规划。比如，何时能拥有属于你们的车、房，再如，你们是否也能投资股票基金、赚取更多的额外收入。只要心往一处想，钱往一处聚，家庭财富得到快速增长就不是梦想。

理财固然是为了生财，但理财的根本目的却不单单是赚钱。它的真正意义在于合理地分配资产，让自己有科学的消费观，在拥有同样多资源的基础上，获得更多享受生活的机会。通过合理地利用固有的财富，让我们提前达成各种生活目标，保障家庭生活的自由、自主和自在。

不要再不加算计地将钱花在不需要的地方了，现在开始养成记账的好习惯，收支一定要有规划，只有这样我们的小金库才能逐渐越积越丰厚，我们的小日子才会过得更加有滋有味。

理好钱匣子，过好小日子

理财是为了实现生活的目标，合理分配家庭资源，攒好钱、省好钱、护好钱，让家庭生活更加幸福美满。君子爱财取之有道，君子爱财更应治之有道。会理财的人，合理分配资产，可以时刻地过有计划、有准备的生活，一旦家庭中发生了紧急情况不会临时忙乱。不会理财的人，到老终究是两手空空，且不说不能为子孙后代留下什么，自己的衣食住行都会有所忧虑。理财对于家庭的重要性不须多说，那么如何才能理好财、做个理财高手呢？

第一，勤俭节约是理财的大道之行，应该把这个作为理财必须遵守的原则。

第二，根据自己的收入状况，制订出理财计划。清晰地认识自己的收入状况，不过高地估计自己的收入，也不应该把未来的某方面有风险的收入列入自己的实际收入当中。对于已婚的夫妻双方，理财目标要明确，要有数量上的估算。比如说，要在什么时候买一套价值多少的房子，如果是按揭该怎么样处理好和各种支出的关系，还要考虑到买了房子以后自己家庭的实际生活状况。这就是一个合理的理财目标。

第三，自己究竟拥有多少资产，很多人对这个问题都是不太清楚的。没有合理的估算，也就不清楚自己的财产状况。一定要认真地分析，自己的家里到底有多少财产可以理。把自己现在的财产和未来保守能获得的财产加在一起，这都是要理的财；看一看自己的资产是不是符合家庭的需求，负债是不是在合理的范围之内，这些都要有一个预计的理财框架。

第四，分析自己是否是个风险投资者。风险投资自然可以赚钱，但是有的人却不适合，有的人只适合比较保守的投资方式。如何确定自己是不是一个适合风险投资的人？这里有三个方法可以提供参考。其一，要考虑的应当是自己的个人情况，自己是不是已经成家、有没有需要供养的亲人，如果有，供养的花销为多少。还应该考虑的因素是你是否已经拥有了自己的孩子，如果有的话，抚养孩子的花销是相当大的一笔资金，会对你在风险投资方面的运作产生严重的阻碍。其二，假如说你是个在股票投资方面相对在行的人，那么你就应当加大你的风险投资。其三，个人的性格在相当大的程度上决定着你是否是一个适合风险投资的人。不同性格的人在面临一些事情之时，会作出截然不同的抉择，性格也能够决定人们在理财过程中会出现哪些行为。

第五，资产的合理分配。资产分配是个战略性的问题，应该在非常理性的状态下作出合理的资产分配。在资产分配的问题上，切忌朝三暮四、首尾不一。说资产分配是一种战略，是说应该把自己的资产分散起来经营，建立一种战略性的长效机制。比如，该拿出资产的多少比例进行股票投资，又该把多少资产放在银行里做保守投资。这就是资产分配中的战略问题。

第六，根据市场的变化，进行投资绩效的管理，让理财行为可以达到预期的目标。

节俭生财七诀窍

我们经常看到,很多人收入增加之后,其家庭生活状况并没有实质性的改变,不过是徒然增加开支。原因是他们在开源后并没有节流,没有让每一块钱发挥出应有的效用。要拥有金钱,就得学会省钱。下面就教给大家几个省钱小诀窍。

1. 强迫储蓄法

单身的时候都是一人吃饱全家不饿,因此,养成了有多少钱就花多少钱的习惯,即使工作许多年了,还没有一点儿储蓄。要想让自己日后的婚姻生活有所保障,最好选择每月从户头中强迫扣款的方式来存钱,比如,零存整取。无论如何,要先存下一笔钱,作为投资的本金,接下来再谈加速累积资产。

2. 积少成多法

一日三餐、基本日用品、坐几趟公交车、一本令人心动的小说、一场赏心悦目的电影、一件价廉物美的衣物……花钱的频率相当高,因此,一天下来,你会发现钱包里多了许多零钱(人民币5元以下)。此时你可以将这些零钱都取出来,专门放置一处。以后如法炮制,日日坚持,一月、一季或半年去银行换成整钱结算一次。此时平常不善存钱的你,便会惊喜地发现每日存放的、无足轻重的零钱已汇聚成一笔可观的财富。

3．分类记账法

一定要养成记账的习惯，只要安装一个家庭理财软件就能让记账变得非常轻松。你只要把你的花销分门别类地登记上去，并将余额与你实际拥有的现金进行核对就可以了。坚持去做，你对自己的花销就会了如指掌。如果家中没有电脑就在笔记本上记录，虽然麻烦一点儿，但也是值得的。

4．"忍者神龟"法

现代人越来越注重时尚，追求穿衣品味，纷纷购买名牌物品。但是，狂热追求名牌只会让你陷入缺钱的窘境。所以，当你在面对名牌时，你就要学会忍住冲动，要将有限的财力花在刀刃上。实际上，只要你愿意做个有心人，完全可以在各种不同的打折销售阶段，花上远远低于原价的价钱，购买到你心仪的名牌物品。

5．寻找替代品法

工作压力大、心情不好时，许多人常会用逛街采购来发泄情绪。应该试着找些不需花太多钱的方式作为替代，如跑步、打球、到山顶上高声呐喊……这些都能起到减压与调节情绪的作用。

6．潜力发掘法

也许你目前所从事的职业不能用上你的全部技能，或是你能轻松完成本职工作，尚余有大量精力，此时你便要克服惰性，充分发挥潜力，趁着年轻或单身时多学一些技能。文笔好的可从事业余创作，懂得财务知识的不妨做兼职等，不仅对你的本职工作大有裨益，同时也能积累可观的资金。

7．完美投资法

当你通过开源节流，已拥有一定资产后，此时理财的重点便要转向投资。有条件的可将资产的一部分作为首付款购买房产，不足部分向银行贷款，强迫不擅长定期存钱的你按期还款付息；其余资产可投资国债、基金或申购新股等风险性较低且回报颇高的项目，将收益用于加快还贷。如果你具备相关的金融知识，又有较强的风险意识，就可尝试将资产的 70% 投入风险较高的积极型投资（如股票），余下的 30% 用于保守型的投资（如国债、定存）。还可将资产分为五份，分别投资国债、保险、股票、定期储蓄或活期储蓄，这样风险投资、保险投资、应急用钱等方面皆可照顾得到。

真爱不累，
幸福不贵

幸福婚姻也需定期储蓄

面对金融危机时，很多人都开始意识到储蓄的重要性。就连一向主张超前消费的美国，现在也有很多人主张储蓄，可见储蓄在环境的重要。当然，储蓄不仅仅是为了让人们从容应对不良的市场环境，还对我们制定未来规划起着很大的作用。

储蓄对每个家庭都有着积极的作用，如果能够坚持合理的储蓄，那么储蓄的资金将有利于居民合理安排生活计划。储蓄的作用也正像王永庆说的那样："你赚的一块钱，不是你的钱；你存的一块钱，才是你的一块钱。"所以说，只有通过储蓄我们才会看到自己对金钱的积累，同时，这种日积月累会让我们看到金钱的价值和它所带来的惊喜。

在美国著名的学府—哈佛大学，经济学的第一堂课先教给学生两个概念：第一个概念，在花钱的时候要区分清楚，你是在"投资"还是在"消费"；第二个概念，每月必须先把工资的30%储蓄起来，用剩下来的钱进行消费。正是基于这样一种金钱的教育理念，哈佛教育出来的人毕业后都很富有。

不仅如此，美国的一所公立学校还为学生开设了"便士银行"，鼓励学生节俭，拒绝浪费，并且鼓励他们节约零用钱存到银行里。等到在便士银行的存款达到一定数额时，便可以到外面的银行开办一个个人账户。

通过这种方式，很多学生养成了储蓄的习惯。很多学生还用积累的资金购买了自由债券，既成就了自己，又帮助了国家。

储蓄是财富的源头，有着深远的意义。良好的储蓄习惯有助于塑造一个人的品格，因为那是一种能够克制自我欲望、愿意为长远利益而放弃暂时享乐的高度自制力。良好的储蓄就像投资，你投入得越多，增长的就越快，像滚雪球那样越滚越大。

有一位智者说："只要你在银行里存款，即使数目不大，也是令人兴奋的事情。"有个小伙子，只要手头有了一点钱，他就把它存进银行里。一天，当他开始整理存折时，发现自己已经有了一笔为数不小的存款，顿时，他感到自己似乎找到了有钱人的感觉，感觉自己就要加入有钱人的行列了。

小伙子的这种感觉，也许很多人都曾有过，当我们看到自己存折里的数字在不断增长时，也曾为此兴奋过、跳跃过、激动过。因为在这时，我们才会深刻感受到储蓄的真正意义，才会看到储蓄给自己带来的价值，也许就在此时，你的思想意识才开始成熟，形成正确的人生观，并开始重新审视自己，过好自己的人生。所以说，储蓄对一个人的生活乃至一个人的价值观的形成都有重要的意义，只要懂得其中的重要意义，那么你的人生也会因此而发生质的转变。

从现在开始，认真审视自己，规划储蓄计划。规划好了储蓄，也就规划好了你的投资、规划好了你的理财、规划好了你的家庭、规划好了你的人生。

协调家庭收入的分配

在现实生活中,大多数夫妻都拥有各自的工作、兴趣、人际关系,那么就需要应酬、花销、出门办事。假若丈夫此时囊中羞涩,那么他在外人面前自然会大丢面子。这样一来,夫妻之间的财产应该如何分配呢?

1. 实行"AA"制

现在的人都追求个性张扬,人格独立,要有自己的物质空间、经济空间。只有保证有独立的生活空间,才能有人格的独立自由可言,才能长久保持夫妻感情的美好与和谐。

现今社会中,夫妻共同挣钱的家庭占大多数。夫妻间如果能够打破"共产"观念,按两个人的收入状况和兴趣爱好分配各自应承担的家庭理财责任,开诚布公地实行"AA"制,就能做到既协调了家庭收入的分配,又能使夫妻二人坦诚相待、经济独立。

当然,这里所说的打破"共产"、实行"AA"制,并非绝对地分割二人财产,而是指夫妻对家里的所有钱财都有一定相对独立的支配权,掌握一定的自由度,以使彼此不至于为零花钱之类的琐事发生争吵,甚至大动干戈。

2. 先民主后集中

"先民主后集中"原则有别于一般家庭实行的先将全部收入汇在一起,然后再按不同需求分别支出的"先集中后民主"原则。这种原则强调的是实行先将自己的收入按各自所需支出,然后再把剩余资金合到一起的办法。这虽然仅仅是顺序上的不同,但却是观念上的更新,重点在于夫妻双方合作关系的密切与否。这样的财务关系,可以让双方拥有更为持久的恋爱感觉。因为是各自支出,彼此便拥有一定的宽松度,会保持恋爱时互赠送礼物的习惯,会对爱人的赠予充满感激,而且会想到在恰当的时候给予回报。这样婚姻生活才会多姿多彩。

3. 难得糊涂

很多已婚男人都会对结婚后财政大权的全部移交感到不满,他们经历了由结婚之前的"单身贵族"成为结婚后每月要把所得收入如数上交的"佃户"这一巨大改变,心理上自然会很不平衡,因而夫妻之间可能产生不必要的间隙。这种情形的产生主要来源于妻子"精明"的经济管制。

聪明的妻子最好时常装糊涂,留给丈夫一些经济空间,满足丈夫的那点自尊心,只要你"心如明镜",又怎么会担心他的"暗度陈仓"。难得糊涂,快乐与幸福就会更容易得到。

事实表明,有剥削就会存在反抗,有管制就会存在对策。这个时候,家庭中"私房钱"就应运而生。由此可见,"管"并不是最好的办法,"掏"也不是良策,如果夫妻二人对各自的花销进行合理分配,那么又何来家中缺乏欢乐的说法呢?

夫妻共同提高自己的财商

大多数每天为钱辛苦忙碌的上班族，都曾经有过一些共同的体验，望着成功人士穿着高级服装、居住豪华别墅、开着名牌轿车，内心艳羡不已。但是在羡慕他们的同时，你自己是否想过："是什么原因致使他们能够拥有财富？而我应当怎么做才能成为成功人士呢？"

说到这个问题，很多人也许会把自身贫穷的原因归结为智力、家庭背景、教育水平高低、运气，可是这些并不能解释所有人成为有钱一族的根本原因。我们可以看到许多有钱人并不是出身名门望族，也并没有接受过高等教育，但他们现在却很有钱，这是什么原因呢？究其实质，就是因为这些人具有高财商。也正是因为财商的高低，导致了人与人之间的贫富差距。

下面我们看一看高财商的人具有的基本特征。

①在经济上独立自主，在生活上采取一些舒适但不奢侈的生活方式。

②拥有自己的住宅，但几乎没有欠款。

③大多数是白手起家的百万富翁，具有承担风险的勇气，即使前方困难重重、艰险不断，他们都能继续奋斗下去。

④不是工作狂，有充裕的时间和家人、朋友在一起。

⑤热爱自己的工作，有积极的工作态度和十足的信心。

⑥工作时十分专注，用自己最大的努力获取最大的回报。

⑦不随大流，无论做什么生意、投资什么项目，他们都用自己的大脑进行分析和判断。

财商是人在经济社会中的生存能力，是判断一个人对金钱的敏感度以及对怎样才能形成财富的了解。财商被越来越多的人认为是实现成功人生的关键。

一提到财商，很多人就会想到金钱，而一想到金钱，很多人就会想到"俗"。其实与钱挂钩不能称作"俗"，因为很多事情、很多东西是没有钱无法办到、无法买到的。就如同电视上经常上演的一幕：自己最亲的人得了重病住院，急需一笔昂贵的医疗费用，试想，如果在这时你没有钱，错过了最佳的治疗时机，亲人离开了你，其结果会是怎样？你是否会自责，是否会暗暗发誓，将来一定要努力赚钱，赚好多好多钱？不仅如此，我们从社会发展方面来说，现今社会是一个经济社会，一切可以计量经济价值的东西都可以被转化为简单的金钱关系。也就是说，在现今社会，你必须提高你的财商，必须让自己富裕起来。

那么如何提高你的财商呢？你不妨尝试以下方法。

①多读一些财务方面的书籍或报纸。

②为自己打工，有承担风险的能力。

③把自己的一部分时间花费在税务顾问身上，多向他们请教。

④为自己制定适宜的目标，并用坚忍不拔的毅力实现自己的目标。

在现今财富社会，步入婚姻的男男女女必须提高你们的财商，才能过上好日子。

幸福指导 赚大钱的智慧

游戏目的：

通过游戏测试人们的赚钱能力。

游戏准备：

人数：不限。

时间：不限。

场地：教室。

材料：游戏卡、笔。

游戏步骤：

每个参与者在游戏前拿到一张游戏卡，参与者根据游戏卡的提示针对下面的问题请用"是"或"否"来回答。

1．在买东西时，会不由自主地算算卖主可能会赚多少钱。

2．如果有一个能赚钱的项目，而你又没有钱，你会借钱做投资。

3．在购买大件商品时，经常会计算成本。

4．在与别人讨价还价时，会不顾及面子。

5．善于应付突发事件。

6．愿意下海经商而放弃拿固定工资的工作。

7．喜欢阅读商界人物的经历。

8．对于自己想做的事，就坚持不懈地追求并达到目的。

9．除了当前的本职工作，自己还有别的一技之长。

10．对于新鲜事物的反应灵敏。

11．曾经为自己制订过赚钱计划并且实现了这个计划。

12．在生活或工作中敢于冒险。

13．在工作中能够很好地与人合作。

14. 经常阅读财经方面的文章。

15. 在股票上投资并赚钱。

16. 善于分析问题。

17. 喜欢从宏观角度来考虑问题。

18. 在碰到问题时能够很快地决策。

19. 经常计划该如何找机会去挣钱。

20. 做事最重视的是达到的目标与结果。

回答"是"计1分,答"否"计0分,累计得分。

如果你的得分在12分以上,意味着你已经具有一定的赚钱心理基础了,可能你还具备了较强的赚钱能力,你可以考虑选择一个项目大胆地去干。

如果你的得分在12分以下,那么,你在准备投身于某一个项目之前,不妨再学习一下赚钱技巧吧。

【游戏心理分析】

赚钱是一种能力,也需要智慧。要想发财,就要把时间用在研究、思考、计划上。

学会思考。精心思考对获取财富是大有必要的,因为思考的时刻,是涌现灵感的时刻。在思考时,别忘了用笔和纸记下你的思考所得。

制定目标。积累财富的另一要件,是学习如何制定目标。

善于投资。奥斯本先生是一位雇员,属于工薪阶层,可是他发财了。他用的方法很简单,就是善于投资。他发现财富是可以积累的,投资时要听从专家们的建议,以求安全、规避风险。